Junior NKIERE MAKOLONI

CURSO DE INFORMÁTICA SEGUNDO ANO CG

Junior NKIERE MAKOLONI

CURSO DE INFORMÁTICA SEGUNDO ANO CG

ScienciaScripts

Imprint

Cover image: www.ingimage.com

This book is a translation from the original published under ISBN 978-620-6-72064-5.

Publisher:
Sciencia Scripts
is a trademark of
Dodo Books Indian Ocean Ltd. and OmniScriptum S.R.L publishing group

120 High Road, East Finchley, London, N2 9ED, United Kingdom
Str. Armeneasca 28/1, office 1, Chisinau MD-2012, Republic of Moldova, Europe
Managing Directors: Ieva Konstantinova, Victoria Ursu
info@omniscriptum.com

Printed at: see last page
ISBN: 978-620-8-51711-3

Conteúdo

PREFÁCIO

A literacia informática é um trunfo importante para quem deseja exercer uma atividade comercial, permitindo-lhe trabalhar eficazmente e tirar partido das inúmeras oportunidades oferecidas pelas tecnologias da informação e da comunicação. E ainda no domínio do comércio, as TI facilitam :

- análise de dados: as ferramentas informáticas permitem o tratamento e a análise rápida de grandes quantidades de dados, o que pode ser útil para avaliar o desempenho de uma empresa, estudar os mercados e as tendências, etc;
- Comunicação e colaboração: as ferramentas informáticas, como o correio eletrónico, as ferramentas de colaboração em linha e as redes sociais profissionais, permitem comunicar e colaborar com os outros de forma eficaz e à distância;
- Vendas em linha: as TI permitem criar e gerir sítios de comércio eletrónico, que podem constituir uma importante fonte de receitas para as empresas;
- Marketing: As TI podem ser utilizadas para criar campanhas de marketing em linha, para analisar dados sobre visitas a sítios Web e para direcionar a publicidade com base no comportamento dos utilizadores;
- Gestão das relações com os clientes: As ferramentas informáticas permitem gerir eficazmente as relações com os clientes, utilizando bases de dados para armazenar e acompanhar as informações sobre os clientes, criando sistemas de gestão das relações com os clientes (CRM) para acompanhar as interações com os clientes, etc.

RESUMO

Este curso de informática destina-se aos alunos do segundo ano de Humanidades, opção Comercial e de Gestão, de acordo com a orientação dos programas escolares e dos materiais didácticos da República Democrática do Congo (RDC), um curso que dá noções teóricas e práticas de base sobre o registo de dados num ficheiro, a elaboração de uma fatura, de um recibo de vencimento, de uma folha de inventário em Excel; Explica também como calcular os anos através de fórmulas e funções financeiras, como apresentar uma folha de amortização, como escrever e formatar textos, como utilizar a Internet para certas correspondências e como proteger os arquivos em suportes informáticos.

Além disso, com todos os conceitos mencionados acima, o aluno do segundo ano das humanidades de Gestão e Negócios poderá abordar todos os conceitos propostos para as aulas seguintes sem qualquer dificuldade.

OBJECTIVO GERAL

No final do 2eme Humanites Commerciale et Gestion, o aluno será capaz de utilizar ferramentas informáticas para introduzir e preparar documentos contabilísticos e outros.

OBJECTIVOS ESPECÍFICOS

No final deste curso, qualquer estudante que o tenha seguido assiduamente será capaz de :

- Guardar dados num ficheiro ;
- Preparação de facturas em Excel ;
- Elaborar a ficha de existências em Excel ;
- Preparação de folhas de vencimento em Excel ;
- Cálculo de anuidades através de fórmulas e funções financeiras ;
- Apresentação de um plano de depreciação ;
- Introduzir e formatar texto ;
- Utilizar a Internet para certas correspondências;
- Proteção de arquivos em suportes informáticos

CAPÍTULO I

EXCEL

I.1.ACESSO AO SOFTWARE EXCEL

Como é frequente, existem várias formas de abrir uma aplicação (na gíria informática, dizemos também "lançar uma aplicação"). O método mais óbvio é navegar na lista de programas instalados no seu computador.

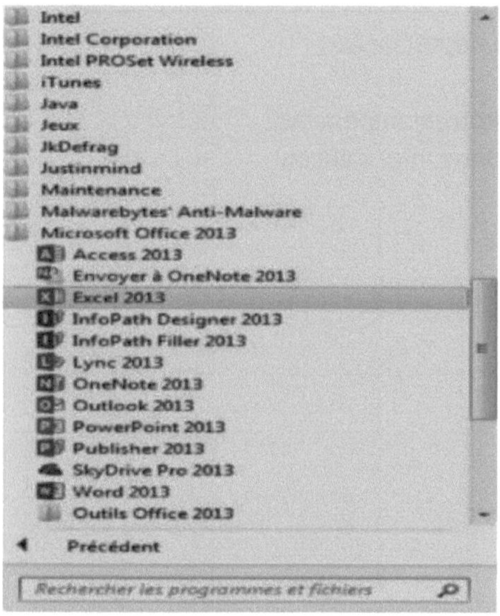

Eis como lá chegar:

1. Clique no botão "**iniciar"** (canto inferior esquerdo do ecrã)
2. > > Clicar em "**Todos os programas Microsoft Office 2013 Excel 2013**".

Alguns momentos depois, o software Excel é iniciado.

I.2.APRESENTAÇÃO DA INTERFACE EXCEL

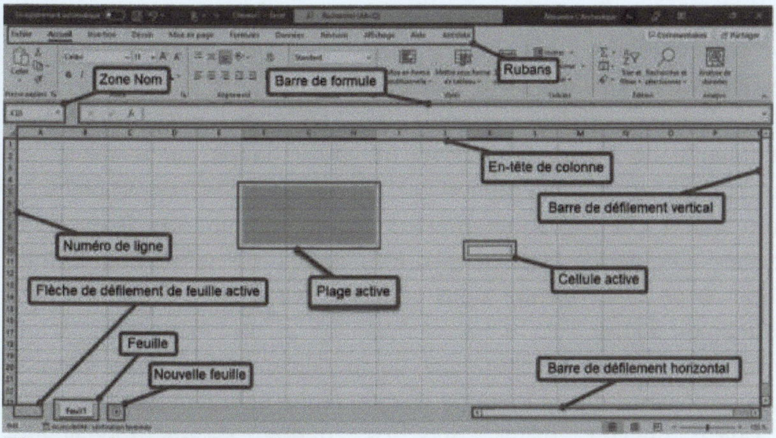

Eis as principais secções:

Zona de nome: Apresenta o nome da célula selecionada. Também pode ser utilizado para nomear um intervalo de células com um nome específico sem espaços ou caracteres especiais.

Barra de fórmulas: Apresenta fórmulas e funções para a célula ativa.

Cabeçalho da linha: Quando clicamos no cabeçalho da linha (número), seleccionamos a linha inteira.

Seta de deslocação da folha ativa: permite deslocar as folhas para a direita ou para a esquerda; isto é muito útil para pastas de trabalho grandes que contêm várias folhas.

Folha: Cada folha tem 1.048.576 linhas e 16.384 colunas.

Adicionar folha: Adiciona uma folha à direita da folha selecionada.

Fitas: Existem várias fitas que reúnem uma vasta gama de ferramentas.

Célula ativa: Cada célula de uma folha pode conter um máximo de 32.767 caracteres.

Cabeçalho da coluna: Quando clicamos no cabeçalho (a letra) de uma coluna, seleccionamos simultaneamente todas as células da coluna.

Barra de deslocação vertical: A barra de deslocação vertical é utilizada para deslocar o conteúdo da área apresentada para baixo ou para cima quando a altura da área é insuficiente para apresentar todo o seu conteúdo.

Área ativa: Esta é a área que fica a cinzento quando seleccionamos várias células adjacentes, de modo a podermos manipulá-las todas juntas numa única ação.

Barra de deslocação horizontal: A barra de deslocação horizontal é utilizada para deslocar o conteúdo da área apresentada para a direita ou para a esquerda quando a largura da área é insuficiente para apresentar todo o seu conteúdo.

I.3.INTRODUZIR DADOS NAS CÉLULAS

Existem várias opções quando se pretende introduzir dados manualmente no Excel. É possível introduzir dados numa célula, em várias células ao mesmo tempo ou em várias folhas de trabalho ao mesmo tempo. Os dados introduzidos podem ser números, texto, datas ou horas. Os dados podem ser formatados de diferentes formas. Também é possível ajustar uma série de parâmetros para facilitar a introdução de dados.

NB: Se não for possível introduzir ou modificar dados numa folha de cálculo, é possível que a folha de cálculo tenha sido protegida por si ou por outra pessoa evitar que os dados sejam modificados inadvertidamente. Numa folha protegida, pode selecionar células para ver os dados, mas não pode introduzir informações nas células bloqueadas. Na maioria dos casos, não deve remover a proteção de uma folha de cálculo, a menos que tenha permissão da pessoa que a criou. Para desbloquear a folha de cálculo, clique em **Remover proteção da folha** no grupo **Modificações** do separador **Revisão**. Se tiver sido definida uma palavra-passe para proteger a folha, tem de a introduzir primeiro para a desbloquear.

I.4.REGISTO DE DADOS

Onde quer que guarde o seu livro de trabalho (no seu computador ou na Web, por exemplo), todas as operações de gravação são realizadas a partir do separador **Ficheiro**.

Embora o comando **Guardar** (ou o atalho Ctrl+S) permita guardar um livro existente na sua localização atual, terá de utilizar **Guardar como** para guardar o livro pela primeira vez, numa localização diferente, ou para criar uma cópia na mesma localização ou numa localização diferente.

1. > Clique em **Ficheiro Guardar como**.

2. Em **Guardar como**, selecione a localização onde pretende guardar o livro de trabalho. Por exemplo, para guardar no Ambiente de Trabalho ou numa pasta do computador, clique em **Computador**.

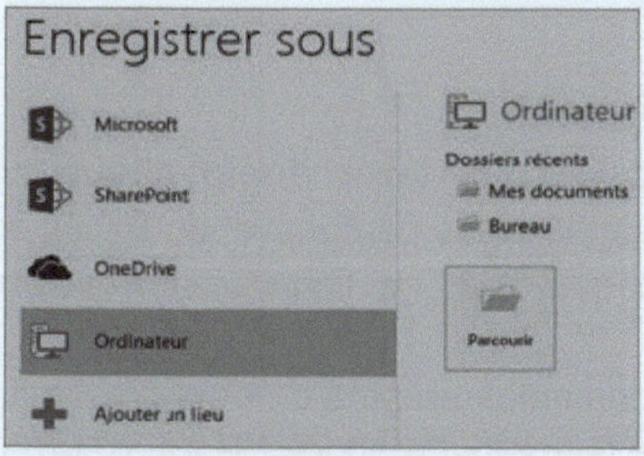

3. Clique em **Procurar** para encontrar a localização pretendida na sua pasta **Documentos**.

Para escolher outra localização no seu computador, clique em **Ambiente de trabalho** e, em seguida, escolha a localização exacta onde pretende guardar o livro de trabalho.

4. Na caixa **Nome do ficheiro**, escreva um nome para a pasta de trabalho. Introduza um nome diferente se estiver a criar uma cópia de uma pasta de trabalho existente.

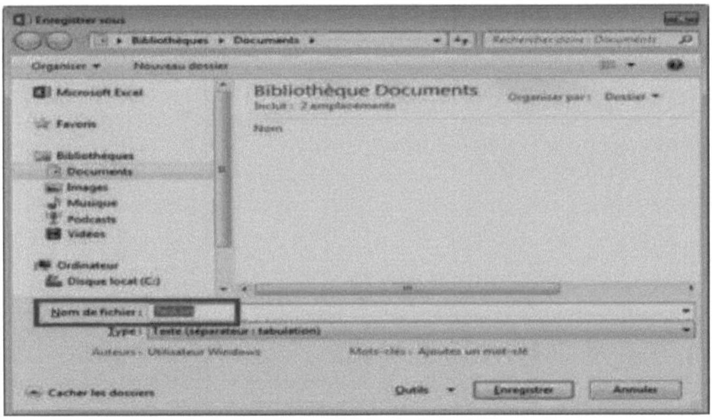

5. Para guardar o livro de trabalho noutro formato de ficheiro (por exemplo, .xls ou .txt), selecione o formato pretendido na lista **Tipo** (na caixa **Nome do ficheiro**).

6. Clique em **Guardar**.

I.5.ABRIR E FECHAR O FICHEIRO EXCEL

Para abrir um ficheiro com o Excel, **basta fazer duplo clique no ficheiro**. Se o seu computador tiver uma versão compatível do Excel, ou seja, uma versão mais recente do que 2007, o ficheiro será aberto automaticamente.

Tal como pode guardar todos os documentos abertos de uma só vez no Word ou no Excel, também pode fechá-los a todos. Para o fazer, mantenha premida a tecla Shift enquanto clica no menu Ficheiro. Em seguida, clique no comando Fechar tudo.

I.6.SELECÇÃO DE CÉLULAS

Para selecionar todas as células de uma folha de cálculo, utilize um dos seguintes métodos: 1. Clique no botão **Selecionar tudo**.

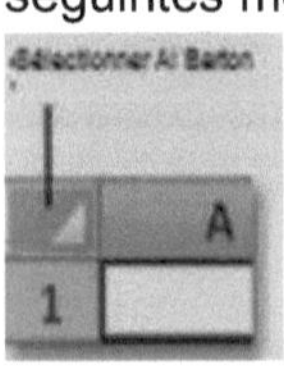

2. Prima Ctrl+A.

Nota Se a folha de cálculo contiver dados e a célula ativa estiver acima ou à direita dos dados, premir Ctrl+A seleciona a área ativa. Prima esta combinação de teclas uma segunda vez para selecionar toda a folha.

I.6.1.SELECCIONAR COM O RATO

Para selecionar um intervalo, selecione uma célula e, em seguida, premindo o botão esquerdo do rato, arraste sobre as outras células.

I.6.2.SELECÇÃO COM TECLADO

Também pode utilizar a combinação do teclado **Shift+teclas de direção**. Para selecionar células não adjacentes e intervalos de células, mantenha premida a tecla Ctrl e, em seguida, selecione as células.

1.7. MODIFICAÇÃO DO TAMANHO DAS CÉLULAS

O tamanho das colunas (largura) e das linhas (altura) pode ser modificado para conter exatamente os dados que pretende gerir.

Lembre-se: cada folha de cálculo é uma tabela de linhas e colunas. Cada coluna começa com um cabeçalho (A, B, C ...) e cada linha começa com um número de linha (1, 2, 3 ...).

1.7.1.ALTERAR O TAMANHO DA LINHA

1. Apontar o cursor do rato para **a margem abaixo do número da linha** a alargar ou a reduzir até aparecer uma **linha horizontal dupla** enquadrada por setas pretas;
2. Clique com o botão esquerdo do rato na linha dupla e mantenha-o premido => a altura atual da linha é apresentada em centímetros;
3. De seguida, **mova** o cursor **para baixo para alargar** a linha ou **para cima para a estreitar**.

NB: Também pode alterar o tamanho das linhas e colunas utilizando **a** função **"formatar"** no separador **"Página inicial"**. *Clique em **Início>** Célula > **Formatar> Altura da linha***

1.7.2.ALTERAR O TAMANHO DAS COLUNAS

1. Aponte o cursor do rato para a **margem direita do cabeçalho da coluna** a alargar ou a reduzir até aparecer uma **linha vertical dupla** enquadrada por setas pretas;
2. Clique com o botão esquerdo do rato sobre a linha dupla e mantenha-o premido => a largura atual da coluna é apresentada em centímetros;
3. De seguida, **mova** o cursor para **a direita para alargar** a coluna ou para a **esquerda para a estreitar**.

Sugestão: **clique duas vezes com o botão esquerdo do rato** na linha vertical dupla para **ajustar automaticamente a largura** da coluna ao tamanho do **texto mais longo** já introduzido na coluna.

I.8.FORMATAÇÃO DE CÉLULAS

É possível "formatar" uma célula, ou seja, definir o tipo de dados que nela serão introduzidos (um número, uma data, uma moeda, etc.) ou melhorar a sua apresentação (alinhamento, itálico, cor, etc.).

Comecemos pelo tipo de dados. A forma mais fácil é selecionar um dos formatos na barra de ferramentas:

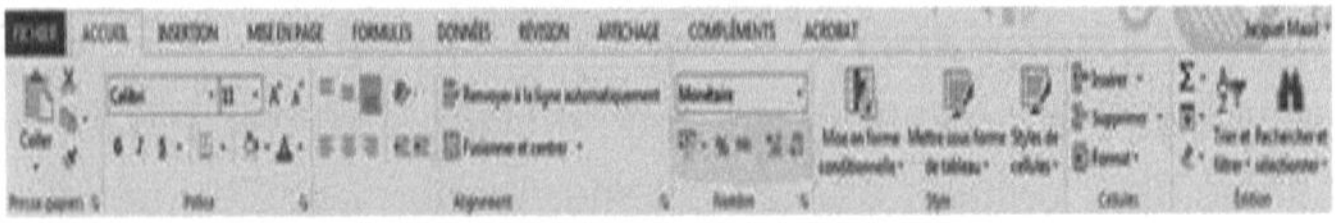

o símbolo de moeda por defeito

Percentagem

separação de milhares

reduzir o número de casas decimais

aumentar o número de casas decimais

Por exemplo, para indicar que o montante introduzido é em euros, é necessário :

1. selecionar a célula
2. clicar no símbolo da moeda e selecionar o euro

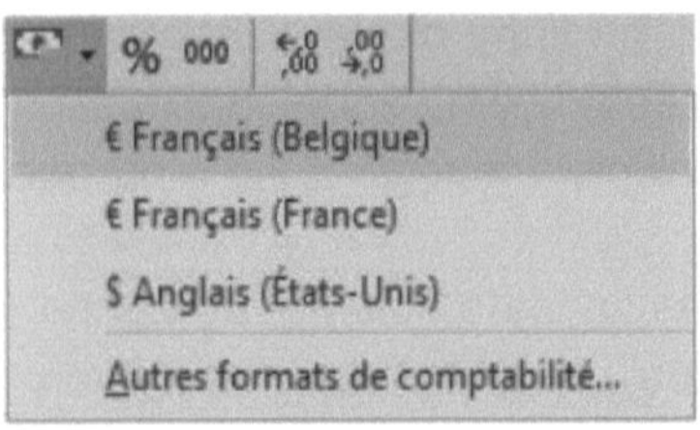

O nosso montante é agora seguido de um "€", o símbolo do euro.

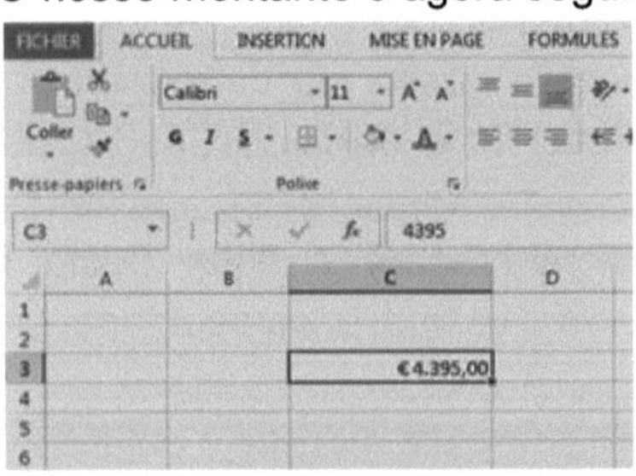

NB: se quisermos aplicar a mesma formatação a várias células, não é necessário repetir a operação para cada célula.

Podemos formatar um bloco de células ou mesmo uma coluna inteira. Para o fazer, comece por selecionar o bloco de células ou a coluna e proceda como explicado acima.

I.8.1.FORMATAÇÃO

Esta ferramenta, localizada no separador Página inicial, aplicar rapidamente a mesma formatação (tamanho e cor do tipo de letra, cor de fundo, etc.) e o mesmo estilo de contorno a várias células. Por

exemplo, pode

Reproduzir o layout copia o layout e aplica-o a outros elementos da folha de cálculo do Excel.

Para tal, selecione o texto ou o gráfico cuja formatação pretende aplicar e, no separador Página inicial, clique em **Reproduzir formatação do Excel**. O cursor muda para um pincel. Clique com o pincel na célula que pretende formatar. Repita a mesma operação para cada célula. Para voltar ao cursor, prima a tecla Esc do seu teclado.

I.8.2 ALTERAR O FORMATO DO NÚMERO

No **editor do livro de trabalho**, pode alterar facilmente o formato do número, ou seja, o aspeto de um número introduzido na sua folha de cálculo. Para o fazer

1. Selecione uma célula, um intervalo de células com o rato ou toda a folha de cálculo utilizando **a** combinação de teclas **Ctrl+A**,

Nota: também pode selecionar várias células ou intervalos não adjacentes, mantendo premida a tecla **Ctrl** enquanto seleciona as células/intervalos com o rato.

2. Deslocar-se para baixo na lista **Formato dos números** G6n6ral localizada em

no separador **Página inicial** barra de ferramentas superior ou clique com o botão direito do rato nas células selecionadas e utilize opção **Formato de número** no menu de contexto. Selecione o formato de número adequado:

- **Geral** é utilizado para apresentar os dados introduzidos como números standard da forma mais compacta possível, sem quaisquer sinais adicionais,
- **Número** é utilizado para apresentar números com 0-30 dígitos após o ponto decimal ou um separador de milhares adicionado entre cada grupo de três dígitos antes do ponto decimal,
- **A expressão científica** (exponencial) é utilizada para exprimir o número na forma d.dddE+ddd ou d.dddE-ddd em que cada d é um algarismo de 0 a 9,
- **Contabilidade** - é utilizado para apresentar valores monetários com o símbolo de moeda predefinido e duas casas decimais. Para aplicar um símbolo de moeda diferente ou um número diferente de casas decimais, siga as instruções abaixo. Ao contrário do formato **Moeda**, o formato **Contabilidade** alinha os símbolos de moeda no lado esquerdo da célula, representa os valores zero como traços e apresenta os valores negativos entre parêntesis.

Comptabilité	Devise
- €	0,00 €
- 155,00 €	-155,00 €
10 500,00 €	10 500,00 €

Nota: para aplicar rapidamente o Formato **de contabilidade** aos dados selecionados, pode também clicar no ícone **Estilo de contabilidade** no separador **Página inicial** da barra de ferramentas superior e selecionar o símbolo de moeda adequado entre os seguintes símbolos de moeda: **$ £ ¥** Dólar, € Euro, Libra Esterlina, ₽ Rublo, Iene, **kn** Kuna croata.

- **Monetaire** - é utilizado para apresentar valores monetários com o símbolo de moeda predefinido e duas casas decimais. Para aplicar um símbolo de moeda diferente ou um número diferente de casas decimais, siga as instruções abaixo. Ao contrário do formato **Contabilístico**, o formato **Monetário** coloca um símbolo de moeda diretamente antes do primeiro dígito e apresenta valores negativos com um sinal negativo (-).
- A data **abreviada** é utilizada para apresentar a data no formato *DD.MM. AAAA,*
- **Date long** é utilizado para apresentar a data no formato *DD.month por extenso. YYYY;*

H **Hora** - é utilizada para apresentar as horas,

- **A percentagem** é utilizada para apresentar dados em percentagens com o símbolo de percentagem **%**,

Nota: para adicionar rapidamente um símbolo de percentagem aos seus dados, também pode utilizar o ícone **Estilo de percentagem** no separador **Página inicial** na barra de ferramentas superior.

- **A fração** é utilizada para apresentar números como fracções habituais em vez de números decimais.
- **O texto** é utilizado para apresentar valores numéricos que são tratados como texto simples com a maior precisão possível.
- **Outros formatos** - é utilizado para criar um **formato de número personalizado** ou personalizar formatos de número já aplicados, especificando parâmetros adicionais (ver descrição abaixo).
- **Personalizar** é utilizado para criar um formato personalizado:
- selecionar uma célula, um intervalo de células ou toda a folha de cálculo que contém os valores a serem formatados,
- selecione a opção **Personalizado** no menu **Outros formatos**:
- introduza os códigos adequados e verifique o resultado na área de pré-visualização ou selecione um modelo e/ou combine-os. Se pretender

criar um formato com base num modelo, aplique um formato existente e modifique-o como desejar.

- clique em **OK**.

3. Altere o número de casas decimais, se necessário:

- utilizar o ícone **Adicionar um decimal**

> No separador **Página inicial** da barra de ferramentas superior, para apresentar mais dígitos após o ponto decimal, utilize o ícone **Reduzir decimais.**

No separador **Página inicial** da barra de ferramentas superior para apresentar menos casas decimais,

Nota: para alterar o formato do número, também pode utilizar os atalhos de teclado.

I.8.3.ALINHAR O CONTEÚDO DE UMA CÉLULA

Se pretender realinhar o texto de uma célula para melhorar a apresentação visual dos seus dados, eis como o fazer:

1. Selecione as células que contêm o texto que pretende alinhar.
2. No separador **Página inicial**, escolha uma das seguintes opções de alinhamento:

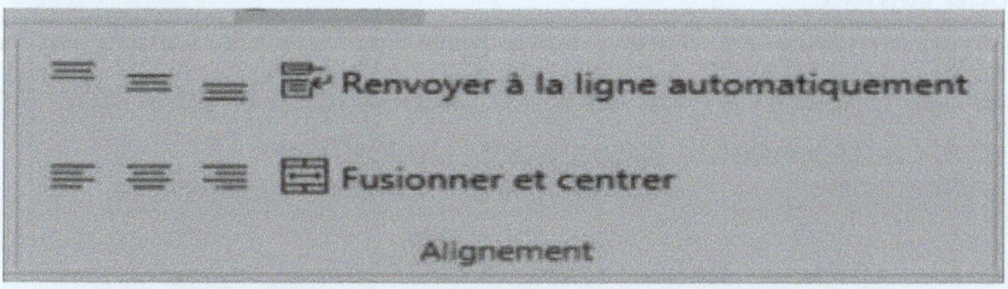

3. Para alinhar o texto verticalmente, selecione Alinhar no **topo**, **alinhar ao centro** ou **alinhar ao fundo**.
4. Para alinhar o texto horizontalmente, selecione **Alinhar o texto à esquerda ao centro** ou **Alinhar o texto à direita**.
5. Quando se uma longa linha de texto, parte do texto pode não ser visível. Para resolver este problema sem

para alterar a largura da coluna, clique em regressar à **linha automaticamente**.

6. Para centrar o texto que abrange várias colunas ou linhas, clique em **fundir e centrar**.

Anular alterações de alinhamento

- Para eliminar uma alteração de alinhamento imediatamente após a sua aplicação, clique em **Cancelar**.
- > Para efetuar alterações, selecione a célula ou o intervalo de células

que pretende modificar e, em seguida, clique em **Limpar** Limpar **formatos**.

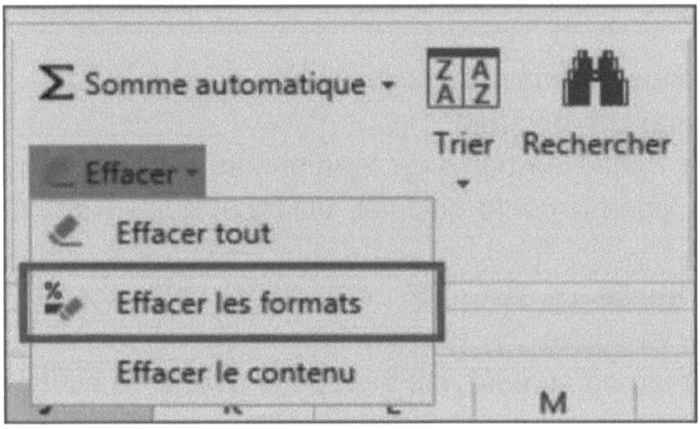

outras formas melhorar a forma como o texto é apresentado, aplicando diferentes tipos de letra ou adicionando uma cor de fundo a uma célula.

I.8.4.ORDENAÇÃO DE DADOS

A função "Ordenar" é utilizada para ordenar um intervalo de células (constituído uma ou mais colunas) por ordem alfabética, por valor, etc.[1]

1. Classificação rápida

Para ordenar rapidamente os dados pela primeira coluna, selecione o intervalo de células que contém os dados e clique em "AZ" para ordenar por ordem alfabética ascendente (separador "Dados"):

Os dados são então ordenados de acordo com a primeira coluna do

seleção :

[1] https://www.excel-pratique.com, consultado em 07/12/2023 às 02h37".

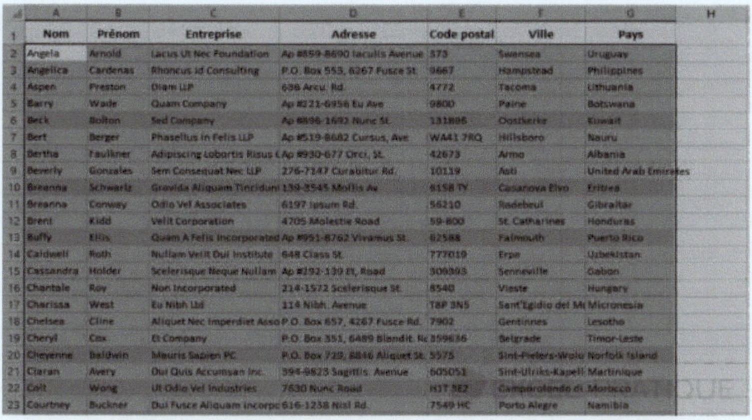

Esta função ordena as linhas da seleção, linha a linha, sem "misturar" os dados (pode ver isto neste exemplo utilizando as linhas coloridas).

2. Seleção personalizada

Para ordenar por várias colunas ou por uma coluna que não seja necessariamente a primeira, selecione o intervalo de células a ordenar (neste caso, pode selecionar diretamente as colunas inteiras) e clique em "Ordenar" no separador "Dados":

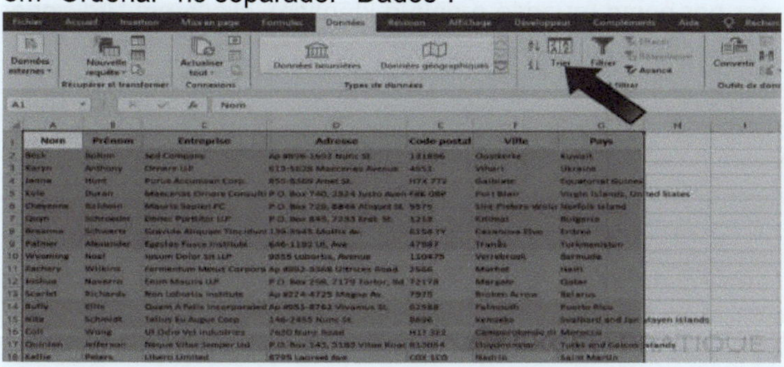

Não hesite em selecionar as rubricas com os seus dados, uma vez que estas não serão ordenadas com os outros dados (desde que a caixa "Os meus dados têm rubricas" permaneça assinalada) e a lista pendente de colunas apresentará os nomes das rubricas para o ajudar:

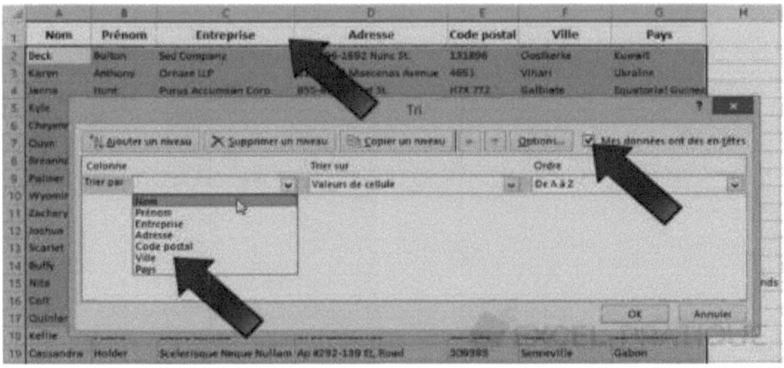

Para ordenar por país, selecione "País" na lista pendente:

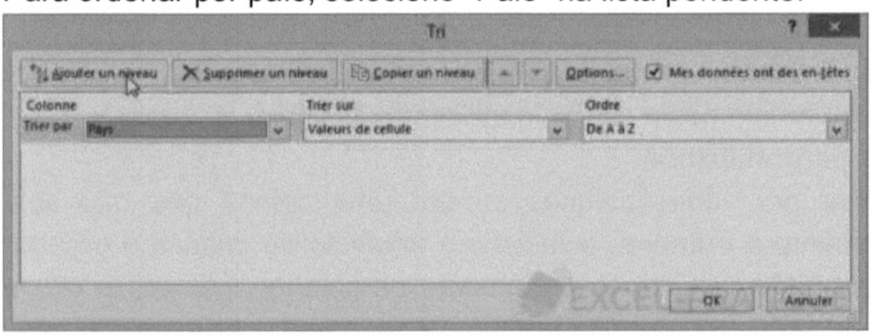

Para ordenar por nome (quando o país é idêntico), clique em "Adicionar um nível" para adicionar a ordenação por nome:

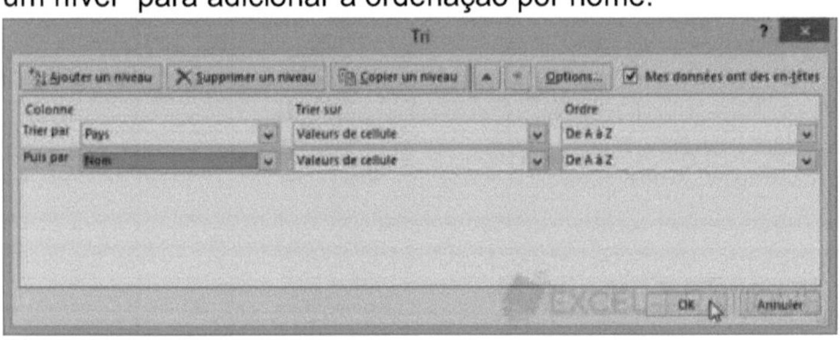

Confirmar a ordenação dos dados de acordo com os parâmetros definidos:

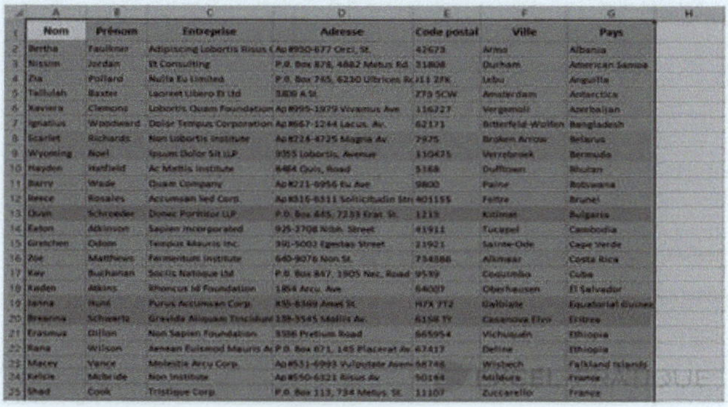

I.8.5.INSERIR UMA FÓRMULA

Pode criar uma fórmula simples para adicionar, subtrair, multiplicar ou dividir valores na sua folha de cálculo. **=+**As fórmulas simples começam sempre com um sinal de igual ( ), seguido de constantes que são valores numéricos e operadores de cálculo como os sinais ( ), menos (-), asterisco (*) ou barra (/).

como exemplo uma fórmula simples.

1. Na folha de cálculo, clique na célula em que pretende introduzir a fórmula.
2. Escreva **o sinal de igual** (=), seguido das constantes e operadores (até 8 192 caracteres) que pretende utilizar no cálculo.

No nosso exemplo**, digite =1+1.**

Observações :

- Em vez de escrever as constantes na sua fórmula, pode selecionar as células que contêm os valores que pretende utilizar e introduzir as operações entre as selecções de células.
- Seguindo ordem normal das operações matemáticas, a multiplicação e a divisão são efectuadas antes da adição e da subtração.

3. Prima Enter.

Vejamos outra variação uma fórmula simples. Escreva **=5+2*3** noutra célula e, em seguida, **prima Enter** ou **Return.** O Excel multiplica os dois últimos números e adiciona o primeiro número ao resultado.

I.8.6.NOÇÃO DE REFERÊNCIA RELATIVA

Uma referência relativa é uma referência que varia quando a copia. [2]**Relativo** porque as referências das células não são fixas (A1, B1,).

---

[2] https://www.excel-exercice.com, consultado em 07/12/2023 às 2:58 a.m.

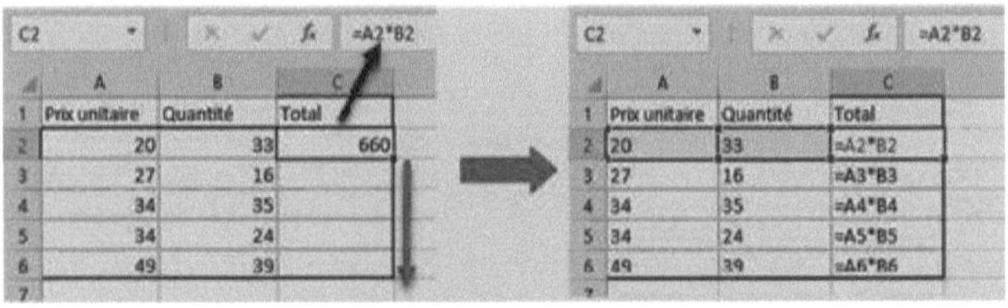

I.8.7.NOÇÃO DE REFERÊNCIA ABSOLUTA

Uma referência absoluta é aquela que não será modificada uma fase de recópia. É também designada por referência fixa.

Uma célula é fixa quando se coloca $ em ambos os lados da referência:

=$F$2

$F$2

Para posicionar os dois $ na referência da célulabasta premir **a** tecla **F4** do seu teclado.

Exemplo / Erros a não cometer □□□

Para compreender o valor uma referência absoluta, vamos calcular o preço (incluindo IVA) das nossas vendas. A taxa de IVA está na célula F1.

Erro ao copiar

A fórmula de cálculo do preço das nossas vendas, incluindo o IVA, é a seguinte: =E5*F1+E5

Copiando esta fórmula, identificamos rapidamente que **há um problema porque temos muitos erros na coluna F** □????????

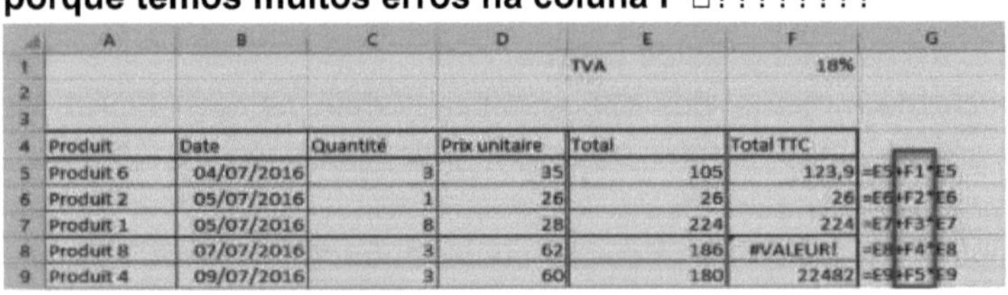

	A	B	C	D	E	F	G
1					TVA	18%	
2							
3							
4	Produit	Date	Quantité	Prix unitaire	Total	Total TTC	
5	Produit 6	04/07/2016	3	35	105	123,9	=E5+F1*E5
6	Produit 2	05/07/2016	1	26	26	26	=E6+F2*E6
7	Produit 1	05/07/2016	8	28	224	224	=E7+F3*E7
8	Produit 8	07/07/2016	3	62	186	#VALEUR!	=E8+F4*E8
9	Produit 4	09/07/2016	3	60	180	22482	=E9+F5*E9

Correção do erro

Neste exemplo, é fácil ver que **a referência do IVA** se desloca quando a fórmula é copiada para baixo.

Para continuar na célula F1, vamos escrever a nossa fórmula da seguinte forma:

=E5*$F$1+E5

Ao copiar a nossa fórmula, temos agora **cálculos corretos porque todas as fórmulas utilizam a célula F1 ????????**

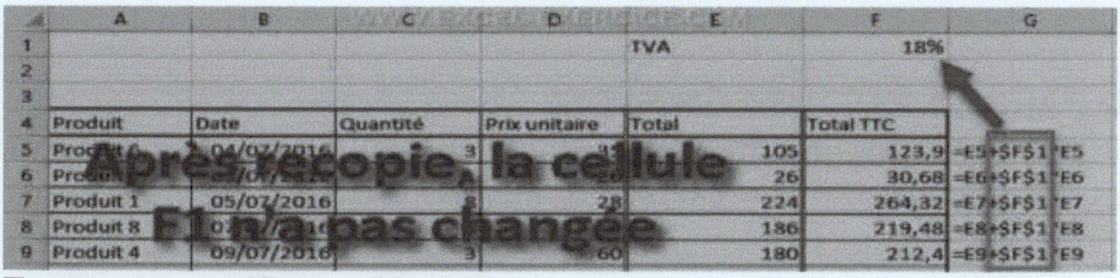

Teste para verificar a fórmula

Agora, se alterarmos a taxa de IVA para 20%.

. Alterar o valor em F1 para 20%.

Toda a nossa tabela é actualizada imediatamente para ter em conta os novos dados, **mas as fórmulas permanecem as mesmas**. ????

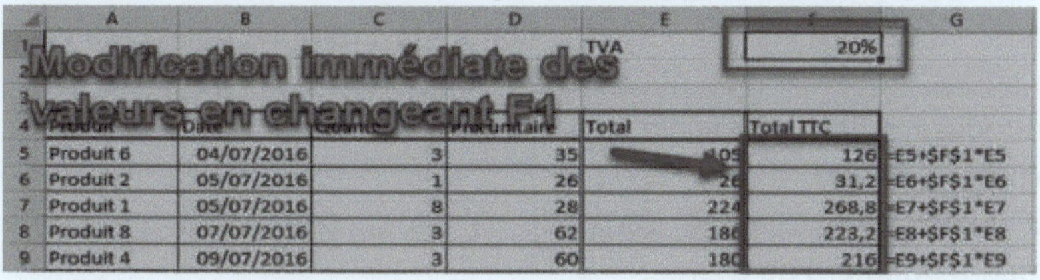

Simplificação da fórmula

Repare que utilizamos a referência total (coluna E) duas vezes na fórmula. Podemos simplificá-la utilizando as regras de factorização em matemática, ou seja, =E5*(1+$F$1)

CAPÍTULO II

PREPARAR A FACTURA EM EXCEL

A fatura é um **documento comercial, contabilístico** e **jurídico** que especifica a natureza, a quantidade e as condições de compra e venda de bens ou serviços. É emitida por qualquer estrutura jurídica (empresa, associação, microempresa, etc.).[3]

Existem vários modelos muito práticos disponíveis no software. No entanto, se pretender criar uma **fatura personalizada**, pode criar o seu próprio modelo.

II.1.INTRODUÇÃO DE DADOS

Os dados da fatura são introduzidos na tabela **Transacções**. Para cada nova fatura, introduzir uma nova linha de entrada.

- Introduzir a **data** de Escrita
- **Número da fatura**
- O texto da descrição (artigos, serviços, conselhos, etc.) que aparecerá na fatura do cliente.
- Na conta de **débito**, introduzir o número **da conta do cliente**.
- Na Conta **de crédito**, entrar a **contraparte** (Vendas, Consultoria ou outra conta).
- Introduzir o **montante**
- Se estiver sujeito a IVA, introduza o **código de IVA** com a percentagem de IVA aplicável.

II.2.UTILIZAÇÃO DE FÓRMULAS (CÁLCULO)

Note-se que o total de cada linha é obtido multiplicando a quantidade pelo preço unitário.

Na primeira célula da coluna "Total" (H6 no nosso exemplo), introduza a fórmula **=F6*G6**.

Copie esta fórmula para a última linha da coluna, neste caso para H24. Para o fazer, arraste a pega de cópia para baixo.

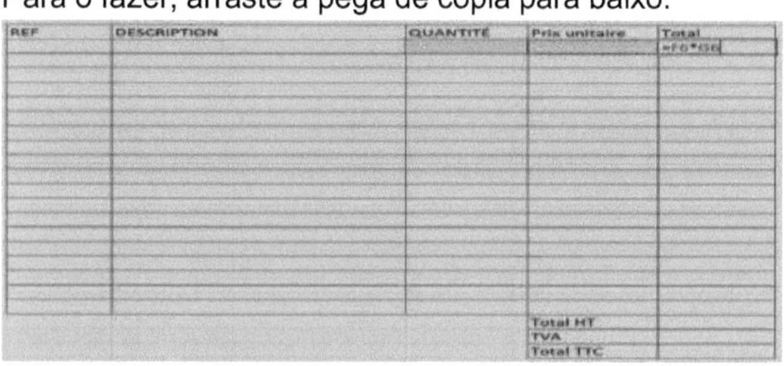

REF	DESCRIPTION	QUANTITÉ	Prix unitaire	Total
				=F6*G6
			Total HT	
			TVA	
			Total TTC	

[3] https://intia.fr, consultado em 07/12/2023 às 03h47

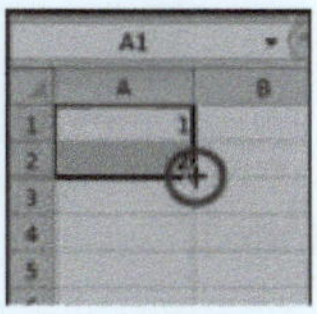

A imagem acima mostra como copiar uma fórmula numa coluna inteira utilizando a pega de cópia.

- **O total antes de impostos** é a soma de todas as células da coluna "Total". No nosso caso, H6 a H24.

=A fórmula a introduzir é **sum(H6:H24).**

- Para o **IVA**, é necessário multiplicar o total antes de impostos pela percentagem de IVA definida no seu país. Em França, a taxa normal do IVA é de 20% para a maior parte das vendas de bens e serviços (artigo 278.º do código geral dos impostos).

A fórmula a introduzir é **=H25*0,2**.

- Por último, **o total com IVA** é igual ao total sem IVA + IVA.

A fórmula a introduzir é **=H25+H26**.

Depois de ter introduzido todas as fórmulas, eis o aspeto da sua tabela Excel:

REF	DESCRIPTION	QUANTITÉ	Prix unitaire	Total
				- €
				- €
				- €
				- €
				- €
				- €
				- €
				- €
				- €
				- €
				- €
				- €
				- €
				- €
				- €
				- €
				- €
				- €
				- €
			Total HT	- €
			TVA	- €
			Total TTC	- €

Para o tornar esteticamente mais agradável e mais fácil de ler, pode **alterar a cor de certas células**. O mesmo se aplica, obviamente, ao **tipo de letra.**

II.3.APRESENTAÇÃO DA FACTURA

As informações seguintes devem constar de uma fatura:

- Data da fatura ;
- Número da fatura ;
- A data da venda ou da prestação do serviço ;
- A identidade do vendedor ou prestador de serviços ;

- A identidade do comprador ou cliente ;
- Número de ordem de compra ;
- identificação IVA ;
- Descrição e contabilidade dos produtos e serviços prestados;
- Preço de catálogo ;
- A taxa de IVA legalmente aplicável;
- Possível redução do preço;
- O montante total a pagar sem impostos (HT) e com todos os impostos incluídos (TTC)
- O endereço de faturação, se diferente da sede social da empresa;
- Informações sobre o pagamento ;
- A existência e a duração da garantia legal de conformidade de 2 anos para determinados bens.

II.4.IMPRIMIR A FACTURA

Os passos seguintes mostram como imprimir uma fatura; estes passos são semelhantes para todos os tipos de documentos.

iOS e Android

1. **Facturas** Touch
2. Abra a fatura que pretende imprimir ou crie uma nova fatura
3. No de síntese e gestão, desloque-se para a secção **Mais** e toque em **Imprimir**.
4. Toque em **Impressora / Escolher** e selecione a impressora a utilizar
5. Toque em **Imprimir** no canto superior direito

Web

1. Clique em **Facturas**
2. Selecionar a fatura a imprimir
3. Clique nos três pontos horizontais ... no canto superior direito
4. Clique em **Imprimir**
5. Selecionar a impressora a utilizar e definir os parâmetros de impressão pretendidos
6. Clique em **Imprimir**

Informações úteis

- A fatura é gerada em formato PDF para pré-visualização, envio por correio eletrónico e impressão;
- O tamanho de impressão predefinido é o tamanho carta;
- É necessário estar ligado à Internet para obter a síntese, enviar ou imprimir uma fatura.

II.5.APLICAÇÃO A FACTURAS ÚNICAS

1. Inicie **o Microsoft Excel** no seu PC. Uma vez aberto, procure por

"fatura" na barra na parte superior da janela para encontrar vários modelos.

NB: É necessária uma ligação à Internet para efetuar a pesquisa.

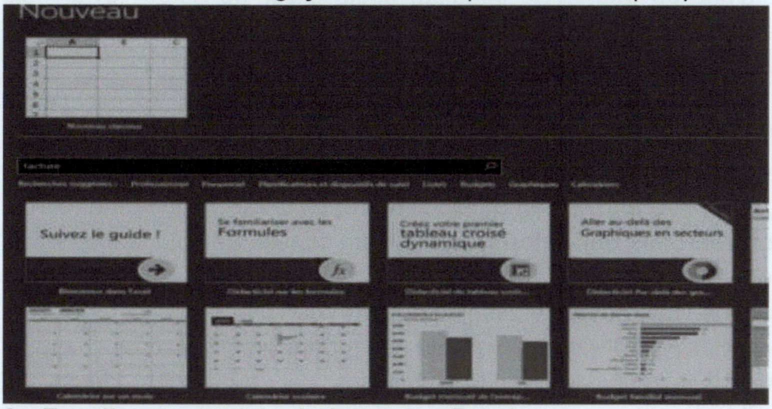

2. Escolha um modelo de fatura em Excel

Selecione o modelo que se adequa ao que procura, quer se trate de uma fatura comercial, de uma fatura de serviços ou de uma fatura com cálculo de impostos.

Escolha um **modelo que seja fácil** de entender, para que possa compreender melhor o seu funcionamento e ajustar os elementos já existentes. É também muito importante escolher um modelo com um design bem pensado e, se possível, que reflicta as cores **da sua empresa**.

- Se não conseguir encontrar um modelo de Excel que se adeqúe às suas necessidades, pode sempre procurar na Internet um **modelo de fatura descarregável**.

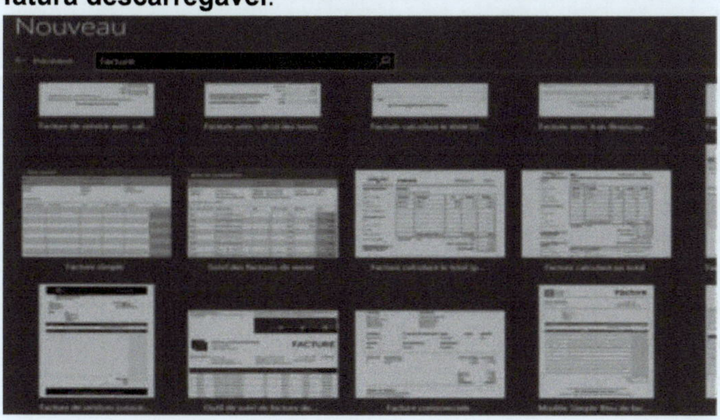

3. **Criar a sua fatura**

Depois de ter escolhido o modelo, clique nele. Uma janela apresentará os detalhes da fatura. De seguida, basta clicar no botão "**Criar**. Isto redireccioná-lo-á para uma página Excel com o modelo escolhido.

4. **Alterar as informações da fatura**

Segue-se a fase de modificação e personalização. É necessário modificar os elementos introduzidos com as informações da sua empresa. Para alterar o texto apresentado, faça duplo clique sobre o texto, apague-o e substitua-o pelo seu próprio texto. Segue-se uma lista das **informações obrigatórias** que devem constar de uma fatura:

- Nome e endereço das partes
- Data da venda ou da prestação de serviços
- Quantidade e designação exacta dos produtos ou serviços
- Preço unitário, excluindo impostos e quaisquer descontos concedidos
- Data de vencimento do pagamento e sanções por atraso no pagamento
- O endereço de faturação, se for diferente do endereço do cliente, e o número da nota de encomenda, se aplicável.

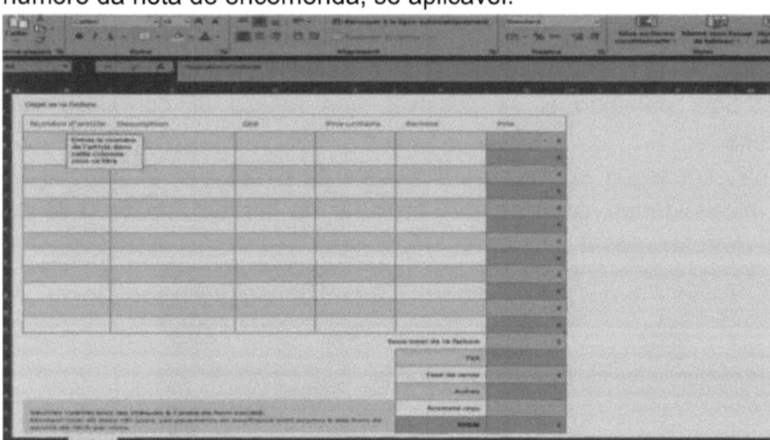

5. **Personalizar a sua fatura Excel**

No que diz respeito à personalização, cabe-lhe a si fazer as alterações que desejar. A fatura deve manter-se limpa e fácil de compreender.

Não hesite **em personalizá-lo**, inspirando-se na carta gráfica da sua marca. Para alterar a cor, vá ao separador "**Layout**" e depois "**Cores**".

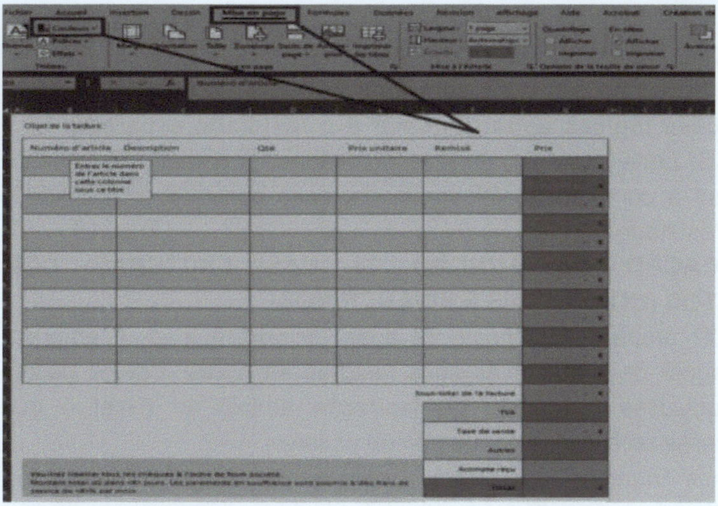

6. **Guardar a fatura**

Depois de ter modificado e completado o seu documento, clique em "Ficheiro" na parte superior da página e depois em "Guardar como". Dê um novo nome ao seu documento e escolha um local para guardar a sua fatura. Por exemplo, pode criar uma nova pasta "**Fatura**".

- Mantenha o **formato .xls** para poder mais alterações posteriormente, se necessário. No entanto, se pretender enviá-lo a um cliente, prefira **o formato PDF**.

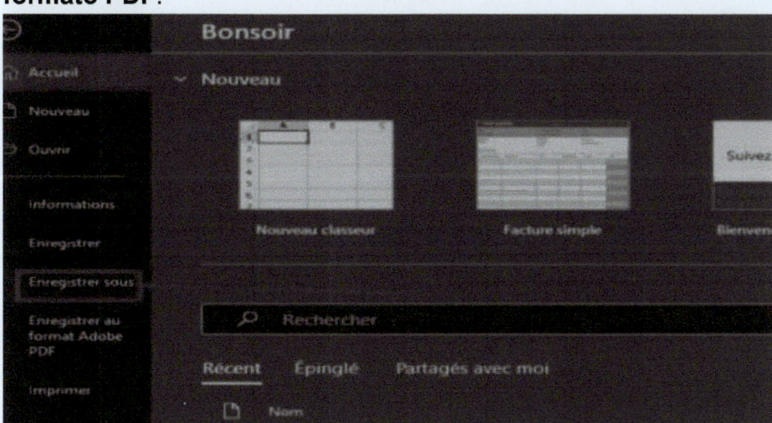

A sua fatura Excel está pronta.

CAPÍTULO III

UTILIZAÇÃO DE FUNÇÕES LÓGICAS SI

A função SI é uma das mais populares no Excel. É **utilizada efetuar comparações lógicas entre um valor e o resultado esperado**. Uma instrução SI pode, portanto, ter dois resultados. O primeiro resultado é aplicado se a comparação for verificada; caso contrário, é aplicado o segundo resultado.

III.1.APLICAÇÃO DA FUNÇÃO SI NAS FACTURAS COM DESCONTOS (COMERCIAIS E FINANCEIROS)

A FACTOR prepara atualmente as suas facturas à mão. A empresa gostaria agora de preparar as suas facturas em Excel. Foi-lhe pedido que reproduzisse o modelo de faturação abaixo no Excel e que automatizasse os cálculos na medida do possível.

As colunas número da fatura, "código do artigo", "descrição", "quantidadee "preço unitário" serão introduzidas, enquanto os outros dados serão o resultado de um cálculo efectuado pelo Excel. =Note-se que os custos de transporte facturados aos clientes são de 100 Euros se o total de mercadorias for inferior a 10.000 Euros, 50 Euros se o total de mercadorias estiver entre 10.000 e 50.000 Euros e gratuitos se o total de mercadorias for superior a 50.000 Euros (utilize a função SI() para determinar os custos de transporte). A fatura deve ter o seguinte aspeto:

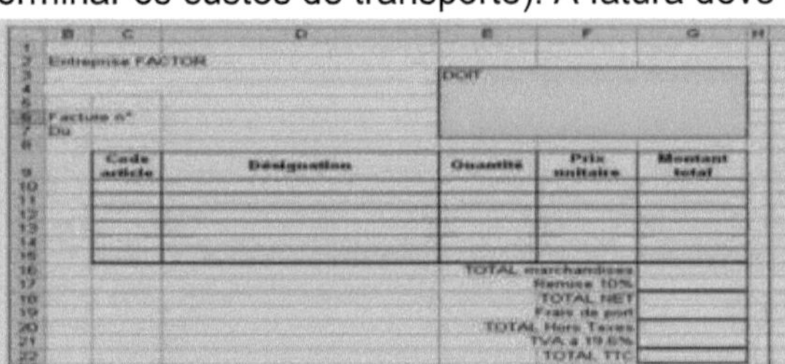

Testez votre facture avec les bons de commande suivants (les TTC à trouver vous sont donnés pour vérification) :

Code article	Désignation	Quantité	Prix unitaire
725	PORTE FENETRE	5	1782.00
532	FENETRE 60 X 120	8	812.00
125	PORTE D'ENTREE	1	2325.00

TTC A TROUVER :19 145.45

Code article	Désignation	Quantité	Prix unitaire
125	PORTE D'ENTREE	2	2325.00

TTC A TROUVER :5 124.86

Code article	Désignation	Quantité	Prix unitaire
725	PORTE FENETRE	35	1782.00
544	FENETRE 80 X 140	50	812.00
125	PORTE D'ENTREE	7	2325.00

TTC A TROUVER : 128 355.32

Em seguida, teste a sua tabela, obter os mesmos resultados que os exemplos de tabelas seguintes:

Entreprise FACTOR
13 rue de l'Abbaye
06000 NICE

Facture n°
Du

DOIT

Code article	Désignation	Quantité	Prix unitaire	Montant total
725	PORTE FENETRE	35	1782.00	62 370.00
544	FENETRE 80 X 140	50	812.00	40 600.00
125	PORTE D'ENTREE	7	2325.00	16 275.00
				0.00
				0.00
				0.00
			TOTAL marchandises	119 245.00
			Remise 10%	11 924.50
			TOTAL NET	107 320.50
			Frais de port	0.00
			TOTAL Hors Taxes	107 320.50
			TVA à 20%	21 464.10
			TOTAL TTC	128 784.60

Entreprise FACTOR
13 rue de l'Abbaye
06000 NICE

Facture n°
Du

DOIT

Code article	Désignation	Quantité	Prix unitaire	Montant total
725	PORTE FENETRE	5	1782.00	8 910.00
632	FENETRE 60 X 120	8	812.00	6 496.00
125	PORTE D'ENTREE	1	2325.00	2 325.00
				0.00
				0.00
				0.00
			TOTAL marchandises	17 731.00
			Remise 10%	1 773.10
			TOTAL NET	15 957.90
			Frais de port	50.00
			TOTAL Hors Taxes	16 007.90
			TVA à 20%	3 201.58
			TOTAL TTC	19 209.48

Entreprise FACTOR
13 rue de l'Abbaye
06000 NICE

Facture n°
Du

DOIT

Code article	Désignation	Quantité	Prix unitaire	Montant total
125	PORTE D'ENTREE	2	2325.00	4 650.00
				0.00
				0.00
				0.00
				0.00
				0.00
			TOTAL marchandises	4 650.00
			Remise 10%	465.00
			TOTAL NET	4 185.00
			Frais de port	100.00
			TOTAL Hors Taxes	4 285.00
			TVA à 20%	857.00
			TOTAL TTC	5 142.00

CAPÍTULO IV

ELABORAÇÃO DA FICHA DE EXISTÊNCIAS EM EXCEL

Uma ficha de existências é um **documento sintético** que tem objetivo ajudar os contabilistas, os gestores de vendas e o pessoal de vendas a controlar as existências e a fazer encomendas no momento certo. Por outras palavras, para evitar :

- **Armazenamento excessivo**: o seu dinheiro está empatado e arrisca-se a que os seus produtos se deteriorem.
- As situações de **rutura de stock** conduzem a uma perda de vendas e são prejudiciais para imagem de uma marca. De facto, a falta de stock resulta geralmente em clientes insatisfeitos que não hesitarão em recorrer aos concorrentes.

IV .1.INTRODUÇÃO DE DADOS

Conceber a apresentação de uma ficha de existências. A ficha de existências deve prever um espaço para a introdução das seguintes informações:

- Nome do artigo em stock
- Data e quantidade encomendada
- Data de receção do artigo
- Quantidade total
- Número do lote
- Data de expiração
- Data de entrada em circulação do objeto
- Número artigos utilizados
- Situação das existências (número artigos ainda em stock)

Os registos de existências podem ser armazenados numa base de dados eletrónica (Excel ou programa específico) ou em papel. Na coluna da direita, existe uma ligação para um modelo de ficha de existências em formato MS. Word (para um sistema em papel).

IV.2.INSERÇÃO DE FÓRMULAS

O sucesso do software Excel da Microsoft baseia-se na sua capacidade de calcular e apresentar resultados a partir de dados já introduzidos nas células. O Excel é um ótimo software, desde que se saiba utilizar todas as suas funcionalidades.

De facto, pode calcular tudo o que quiser com o Excel: basta introduzir a fórmula adequada na célula onde pretende que o resultado apareça instantaneamente. As fórmulas podem ser fórmulas aritméticas simples ou mais complexas, como as fórmulas condicionais e as fórmulas aninhadas. Cada fórmula do Excel utiliza a mesma estrutura básica.

1. Em primeiro lugar, é necessário ir para a célula onde se pretende que o resultado seja apresentado.
2. **Introduza primeiro o sinal de "igual".** A barra na qual a fórmula aparece está localizada acima das folhas de trabalho, ou seja, acima das linhas e colunas das células e abaixo do menu.
3. **Abra agora um parêntesis, se necessário.** Pode ser necessário abrir vários parêntesis. Tudo depende da complexidade da sua fórmula.
4. **Introduzir uma referência de célula.** Existem várias formas de o fazer: introduzir a referência da célula manualmente. Selecionar uma ou mais células na mesma folha de cálculo ou livro de trabalho com o rato. Selecionar uma ou mais células noutra folha de trabalho com o rato. Selecionar uma ou mais células num livro de trabalho diferente com o rato.
5. **Introduza a fórmula de que necessita.** Quer se trate de uma fórmula matemática, de uma fórmula de comparação, de uma fórmula de texto ou de uma fórmula de referência. Para a maioria das fórmulas, é necessário introduzir um operador. Estes indicam o tipo de cálculo que se pretende efetuar sobre os elementos de uma fórmula.
6. Se a sua fórmula o exigir, repita o processo para cada operação dentro da mesma fórmula.
7. Não se esqueça de fechar os parênteses abertos.
8. Depois de ter introduzido corretamente a sua fórmula, prima **"Enter".**

Aconselhamento

- Se precisar de utilizar fórmulas mais complexas, pode ser útil escrever a fórmula num papel antes de a introduzir no Excel. Se a fórmula for demasiado complicada para uma única célula, a coisa mais fácil a fazer, se não tiver muita experiência, é decompô-la. Divida-a em várias etapas, ou seja, em várias células, e depois encaixe-as utilizando uma fórmula mais simples.
- O Microsoft Excel fornece-lhe uma ajuda valiosa sob a forma de opções prontas a utilizar. Trata-se de fórmulas com "entrada semi-automática", ou seja, uma lista dinâmica (de funções, argumentos ou outras possibilidades). Depois de digitar = (sinal de igual) e as primeiras letras ou um acionador de visualização, o Excel apresenta a lista dinâmica de funções por baixo da célula. Prima "TAB" ou faça duplo clique no elemento da lista dinâmica para o inserir na sua fórmula. Se for uma função, ser-lhe-á pedido que introduza os seus componentes.

É claro que pode ativar e desativar esta função clicando no botão "Microsoft Office", em "Opções do Excel" e depois na categoria

"Fórmulas". Em "Manipulação de fórmulas", selecione ou desmarque a opção "Introdução semi-automática de fórmulas". Isto funciona no Excel 2007 e no Excel 2010.

- Se pretender mudar o nome de folhas de trabalho num livro que contenha várias folhas, tenha cuidado para não utilizar espaços. Isto pode ser considerado um erro se o nome da folha acabar numa fórmula. As fórmulas não permitem espaços. O Excel não reconhece espaços em nomes de folhas dentro de referências de fórmulas. É claro que pode contornar este problema colocando um sublinhado onde pretende colocar um espaço.

Avisos

Evitar a utilização de vírgulas ou do cifrão na digitação, pois o Excel reconhece estes sinais como funções matemáticas e efectua os cálculos de acordo com o seu significado no programa. De facto, o Excel reconhece a vírgula como separador de argumentos e o hífen ou o cifrão como indicadores de referência absoluta.

IV.3.APRESENTAÇÃO DA FICHA DE EXISTÊNCIAS

Uma empresa tem muitos documentos que são essenciais para o bom funcionamento da sua atividade. Um deles é a **folha de inventário**, especialmente para uma empresa que se dedica às vendas e à produção. De que tipo de documento se trata?

O que é uma ficha de existências?

O **registo de existências** é um documento (muitas vezes mantido pelo funcionário do armazém) utilizado para acompanhar os movimentos das existências no armazém.

Incluirá, portanto, informações permanentes (nome exato, localização, código, ponto de encomenda, etc.), a data das entradas e saídas, anotadas em termos de quantidade com referências aos documentos que justificaram os movimentos, e as existências remanescentes resultantes.

Qual é o objetivo da ficha de inventário?

Em suma, **o registo de existências** traça o historial das entradas e saídas de mercadorias. Ao fazê-lo, permite seguir o movimento das existências e ao armazenista ou gestor indicar a quantidade de mercadorias disponíveis.

Graças a este **documento de gestão de stocks**, uma empresa pode evitar os problemas de excesso ou de falta de stocks. O excesso de existências impede o funcionamento da empresa, uma vez que os fundos ficam bloqueados. Os produtos armazenados podem também deteriorar-se, especialmente se forem comestíveis.

Além disso, **os registos de existências** fornecem os dados necessários para calcular o custo médio por unidade. Estes dados podem também ser utilizados para tomar decisões como continuar a produzir ou esperar que o stock diminua.

Como criar uma ficha de existências

O **registo de existências do armazém** ou da empresa é, portanto, de importância vital. Para ser eficaz, deve ser corretamente elaborado pela pessoa responsável pela manutenção das existências. De um modo geral, não se trata de uma tarefa complexa, mas é preciso ter o cuidado de assegurar que o quadro esteja completo.

Uma das formas mais fáceis de criar um **livro de registo de existências** é utilizar o Excel. Configura-se uma folha de cálculo para inserir todas as informações mencionadas acima. Lembre-se de que, na tabela, deve haver colunas para entradas, saídas, datas, nome, valor, bem como para o stock inicial e final.

Quem deve utilizar a ficha de existências?

Em princípio, a utilização de uma **ficha de acompanhamento de existências** não é complexa em si mesma. No entanto, deve ser confiada a uma pessoa qualificada, uma vez que exige muita concentração. O empregado em questão deve também reproduzir a folha ou a criar. Se não a tiver criado, deve tomar as medidas necessárias para a compreender e dominar, a fim de facilitar o inventário. O responsável pelo controlo e gestão das existências deve ser capaz de explicar todos os dados aos seus superiores.

No que diz respeito à utilização efectiva deste documento, o gestor apenas tem de preencher a ficha de existências para cada movimento. importante não esperar para não se esquecer de nenhum pormenor. Além disso, todas as informações devem ser introduzidas na casa correta para evitar confusões.

A sua apresentação

1. Lista de produtos (nomes dos artigos em stock)
2. A data.
3. Níveis de existências no final do mês anterior.
4. Compras
5. Saídas (vendas)
6. Stock disponível.
7. Consumo médio por mês nos 3 meses anteriores.
8. Prazos de entrega.

IV.4.APLICAÇÃO À FICHA DE EXISTÊNCIAS

Prática

CAPÍTULO V

PREPARAÇÃO DO RECIBO DE VENCIMENTO EM EXCEL

Definição :

A folha de salário é um comprovativo de pagamento que o empregador deve fornecer ao trabalhador. [4]Este documento, elaborado mensalmente (ou de acordo com o período de pagamento), resume determinado número de informações relativas ao trabalho e à remuneração do trabalhador.

Como sabe, o recibo de vencimento contém uma série de informações e os cálculos necessários. Mas em vez de perder tempo a fazer esses cálculos à mão, o programa Excel encarrega-se de tudo, mas não se esqueça de fazer uma verificação e releitura exaustivas, pois se cometer um erro terá de assumir a responsabilidade por ele.

O Excel é apresentado como uma tabela composta por um conjunto de grupos e etiquetas. O salário bruto do empregado é introduzido diretamente no modelo. Por outras palavras, o seu salário de base, incluindo os vários subsídios e determinados suplementos, como os prémios.

Em função das prestações recebidas, estarão sujeitos à segurança social e à recuperação social.

Assim, em vez de fazer o cálculo à mão, utilizará diretamente a automatização Execução de uma tarefa, no todo ou em parte, por uma máquina sem necessidade de intervenção humana. software. É o próprio utilizador que define as taxas aplicáveis e, quando introduz a primeira informação, o cálculo é efectuado automaticamente, para ser apresentado numa célula adjacente.

V.1.INDIVIDUAL PAYSLIP

É importante notar que não se deve confiar no Excel para produzir recibos de vencimento para os empregados de uma empresa. Apenas o software de processamento de salários compatível com a DSN pode produzir folhas de vencimento para os empregados de uma empresa.

A criação de um recibo de vencimento em Excel só é útil para tarefas específicas de processamento de salários:

- Aprender a calcular uma folha de vencimento no âmbito de um curso de formação de gestores de salários. Mesmo que o valor didático seja próximo de zero.
- Verificar o cálculo de determinadas fórmulas do cálculo das folhas de

[4] https://www.fiche-paie.net, consultado em 12/12/2023 às 02h24".

pagamento, por exemplo, no âmbito de uma auditoria aos salários

- Simular o custo de um empregado como parte de um plano de recrutamento.
- Também pode criar um recibo de vencimento numa folha de cálculo para passar do salário bruto para o líquido.

Passos para criar uma folha de vencimento individual no Excel

Eis os principais passos a seguir para criar um recibo de vencimento no Excel

- Abrir Excel e criar a novo pasta de trabalho. Para tal, é necessário ter instala o Excel no seu computador. Se necessário, pode adquirir o software no sítio Web da Microsoft.
- Dê à folha de cálculo o nome "Individual payslip". Para que se possa orientar no seu trabalho. Pode chamar-lhe "folha de vencimento"...
- Crie títulos de coluna que integrem os elementos importantes para a elaboração de uma folha de vencimento. Estes títulos são as bases de contribuição e as taxas de contribuição. É necessário ter os elementos para a parte do trabalhador e para a parte da entidade patronal
- Em seguida, definir as taxas de contribuição. Também é possível criar uma base de dados para integrar melhor os novos dados do cálculo das folhas de pagamento.
- Utilizar fórmulas para calcular informações como as horas extraordinárias isentas, as ausências, as contribuições para a segurança social, a redução geral das contribuições, etc.
- Ajustar o formato da folha de cálculo para que se assemelhe a um recibo de vencimento. Guarda o ficheiro com um nome significativo e certifica-te de que utilizas o formato Excel.

Por último, verifique se todas as informações e cálculos estão corretos e se respeitam a lei e as convenções colectivas aplicáveis.

V.2.RESUMO DO RECIBO DE VENCIMENTO

Para recapitular um recibo de vencimento, é necessário :

- Etapa 1: Introduzir os dados do empregador ;
- Etapa 2: Introduzir informações sobre o empregado ;
- Etapa 3: Repartição da remuneração bruta ;
- Etapa 4: Calcular e introduzir as contribuições para a segurança social ;
- Etapa 5: Apresentação dos subsídios não sujeitos a contribuições para a segurança social ;
- Etapa 6: Mencionar outras deduções ;

- Etapa 7: Calcular o imposto sobre o rendimento e o salário líquido do trabalhador.

V.3.UTILIZAÇÃO DE FÓRMULAS

Como sabe, o recibo de vencimento contém uma série de informações e os cálculos necessários. Mas em vez de perder tempo a fazer estes cálculos à mão, o Excel encarrega-se de tudo.

Mas não se esqueça de fazer uma verificação e uma revisão minuciosas, porque se cometer um erro terá de assumir a responsabilidade por ele.

O Excel apresenta-se como uma tabela composta por um conjunto de regras e etiquetas. Diretamente no seu modelo, indica o salário bruto do seu empregado. Por outras palavras, o seu salário de base, incluindo os vários subsídios e determinados suplementos, como os prémios.

Em função das prestações recebidas, estarão sujeitos à segurança social e à recuperação social.

Assim, em vez de efetuar o cálculo à mão, pode utilizar a automatização para toda ou parte de uma tarefa por máquina, sem necessidade de intervenção humana no software. O próprio utilizador define as taxas aplicáveis e, quando introduz a primeira informação, o cálculo é efectuado automaticamente e devolvido ao utilizador numa célula adjacente.

Como utilizar as fórmulas

O salário líquido é o salário efetivamente pago ao trabalhador. As contribuições da entidade patronal dizem respeito exclusivamente à entidade patronal e, por conseguinte, não são incluídas no cálculo do salário líquido. Em média, o salário líquido representa 80% de do salário bruto salário bruto.

O custo da mão de obra representa o salário bruto + contribuições do empregador. O salário líquido representa aproximadamente 55% do custo do trabalho. Isto significa que, por cada 100 euros pagos em custos de pessoal, apenas 55 euros revertem a favor do trabalhador; o restante (contribuições para a segurança social do trabalhador e encargos da entidade patronal) reverte a favor dos organismos de segurança social para financiar a proteção social.

O essencial

O recibo de vencimento prova que o trabalhador trabalhou para a empresa. O salário de base é o salário definido no contrato de trabalho.

Salário de base = Número de horas x Taxa horária O salário bruto é o salário de base mais o salário adicional.

Salário bruto = salário de base + horas extraordinárias +
Bónus

A base de cálculo das quotizações de segurança social é geralmente o salário bruto. No entanto, para certas quotizações, a base de cálculo é limitada ao limite máximo da segurança social.

= Contribuição para a segurança social Base de cálculo x Taxa

O salário líquido é o salário pago pelo trabalhador.

Salário líquido = Salário bruto - Contribuições dos trabalhadores para a segurança social Os custos de mão de obra são o custo total dos custos de pessoal para o empregador.

Custos de mão de obra = Salário bruto + contribuições da entidade patronal

V.4.ORDENAR OS DADOS COM BASE EM

1. Selecione uma célula nos **dados**.
2. > Selecione **Ordenação** inicial e filtro. > Ou selecione **Ordenação de dados**.
3. Selecione uma opção: **Ordenar** de A a Z: ordena a coluna selecionada por ordem ascendente. **Ordenar** de Z para A: ordena a coluna selecionada por ordem decrescente.

V.5.APPLICATION (EM CASO DE PROBLEMA COM O PROCESSAMENTO DOS SALÁRIOS)

Prática

CAPÍTULO VI

TABELA DE DEPRECIAÇÃO EM EXCEL

Definição :

Um plano de amortização é um instrumento financeiro que descreve pormenorizadamente o reembolso de um empréstimo ou investimento ao longo do tempo. [5]Mostra o montante dos juros e do capital reembolsado em cada período, bem como o saldo remanescente do capital.

Graças a um modelo predefinido, pode verificar o saldo e os pagamentos de juros dos seus empréstimos no Excel num piscar de olhos. Basta introduzir o montante do empréstimo, taxa de juro, o prazo do empréstimo e a data de início na calculadora de empréstimos do Excel.

1. Aceder à calculadora de empréstimos simplificada e ao quadro de amortizações na biblioteca de modelos do Office.

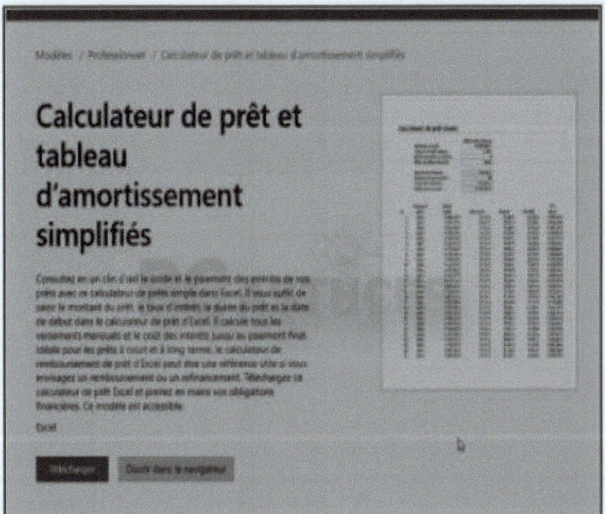

Clique em **Descarregar**.

[5] https://www.morpheus-formation.fr, consultado em 12/12/2023 às 03h13".

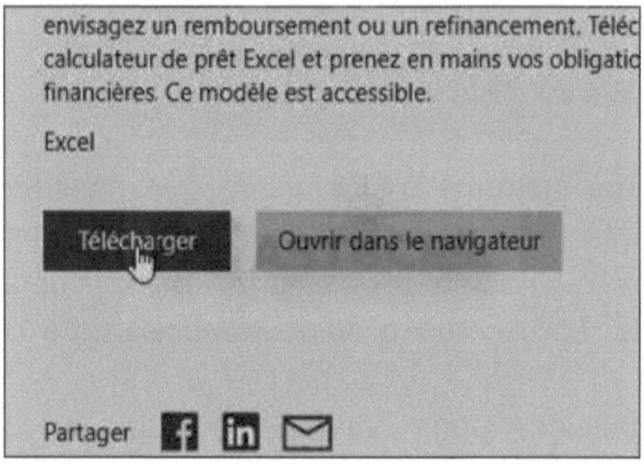

2. Guardar o modelo

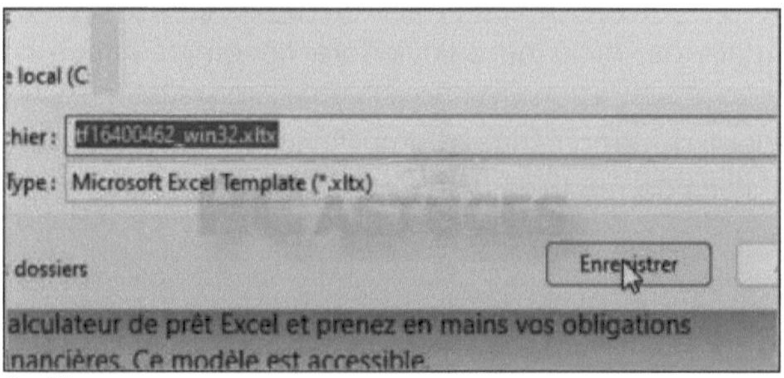

3. Abra-o.

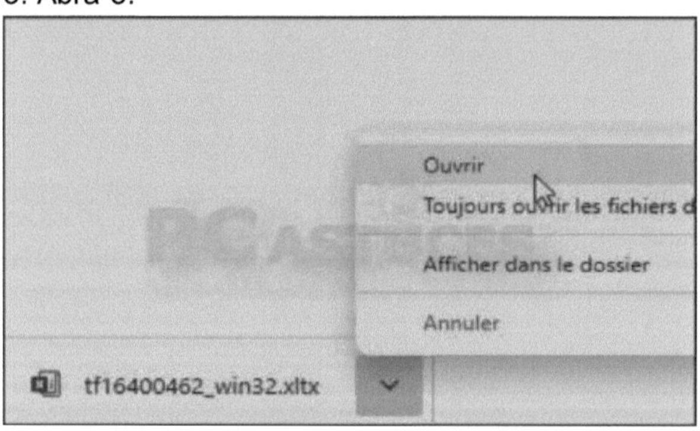

4. Pode então personalizar o quadro com os seus valores para o montante do empréstimo, a taxa de juro, o prazo do empréstimo e a data de início.

Calculateur de prêt simple

	Entrez des valeurs
Montant du prêt	10 000,00 €
Taux d'intérêt annuel	2,10%
Durée du prêt en années	5
Date de début du prêt	01/09/2022

5. O quadro de amortização é automaticamente atualizado todos os meses com o saldo remanescente, os juros, o capital, etc.

Paiement mensuel	175,72 €
Nombre de paiements	60
Total des intérêts	542,93 €
Coût total du prêt	10 542,93 €

N°	Paiement Date	Début Solde	Paiement	Capital	Intérêts	Fin Solde
1	01/10/2022	10 000,00 €	175,72 €	158,22 €	17,50 €	9 841,78 €
2	01/11/2022	9 841,78 €	175,72 €	158,49 €	17,22 €	9 683,29 €
3	01/12/2022	9 683,29 €	175,72 €	158,77 €	16,95 €	9 524,52 €
4	01/01/2023	9 524,52 €	175,72 €	159,05 €	16,67 €	9 365,48 €
5	01/02/2023	9 365,48 €	175,72 €	159,33 €	16,39 €	9 206,15 €
6	01/03/2023	9 206,15 €	175,72 €	159,60 €	16,11 €	9 046,54 €
7	01/04/2023	9 046,54 €	175,72 €	159,88 €	15,83 €	8 886,66 €
8	01/05/2023	8 886,66 €	175,72 €	160,16 €	15,55 €	8 726,50 €
9	01/06/2023	8 726,50 €	175,72 €	160,44 €	15,27 €	8 566,05 €
10	01/07/2023	8 566,05 €	175,72 €	160,72 €	14,99 €	8 405,33 €
11	01/08/2023	8 405,33 €	175,72 €	161,01 €	14,71 €	8 244,32 €
12	01/09/2023	8 244,32 €	175,72 €	161,29 €	14,43 €	8 083,03 €
13	01/10/2023	8 083,03 €	175,72 €	161,57 €	14,15 €	7 921,46 €
14	01/11/2023	7 921,46 €	175,72 €	161,85 €	13,86 €	7 759,61 €
15	01/12/2023	7 759,61 €	175,72 €	162,14 €	13,58 €	7 597,47 €
16	01/01/2024	7 597,47 €	175,72 €	162,42 €	13,30 €	7 435,06 €
17	01/02/2024	7 435,06 €	175,72 €	162,70 €	13,01 €	7 272,35 €
18	01/03/2024	7 272,35 €	175,72 €	162,99 €	12,73 €	7 109,36 €
19	01/04/2024	7 109,36 €	175,72 €	163,27 €	12,44 €	6 946,09 €
20	01/05/2024	6 946,09 €	175,72 €	163,56 €	12,16 €	6 782,53 €
21	01/06/2024	6 782,53 €	175,72 €	163,85 €	11,87 €	6 618,68 €
22	01/07/2024	6 618,68 €	175,72 €	164,13 €	11,58 €	6 454,55 €
23	01/08/2024	6 454,55 €	175,72 €	164,42 €	11,30 €	6 290,13 €
24	01/09/2024	6 290,13 €	175,72 €	164,71 €	11,01 €	6 125,42 €
25	01/10/2024	6 125,42 €	175,72 €	165,00 €	10,72 €	5 960,43 €
26	01/11/2024	5 960,43 €	175,72 €	165,28 €	10,43 €	5 795,14 €
27	01/12/2024	5 795,14 €	175,72 €	165,57 €	10,14 €	5 629,57 €
28	01/01/2025	5 629,57 €	175,72 €	165,86 €	9,85 €	5 463,70 €
29	01/02/2025	5 463,70 €	175,72 €	166,15 €	9,56 €	5 297,55 €
30	01/03/2025	5 297,55 €	175,72 €	166,44 €	9,27 €	5 131,11 €
31	01/04/2025	5 131,11 €	175,72 €	166,74 €	8,98 €	4 964,37 €
32	01/05/2025	4 964,37 €	175,72 €	167,03 €	8,69 €	4 797,34 €
33	01/06/2025	4 797,34 €	175,72 €	167,32 €	8,40 €	4 630,02 €
34	01/07/2025	4 630,02 €	175,72 €	167,61 €	8,10 €	4 462,41 €
35	01/08/2025	4 462,41 €	175,72 €	167,91 €	7,81 €	4 294,50 €
36	01/09/2025	4 294,50 €	175,72 €	168,20 €	7,52 €	4 126,30 €
37	01/10/2025	4 126,30 €	175,72 €	168,49 €	7,22 €	3 957,81 €
38	01/11/2025	3 957,81 €	175,72 €	168,79 €	6,93 €	3 789,02 €
39	01/12/2025	3 789,02 €	175,72 €	169,08 €	6,63 €	3 619,93 €
40	01/01/2026	3 619,93 €	175,72 €	169,38 €	6,33 €	3 450,55 €

VI.1.INTRODUÇÃO DE DADOS

Como é que introduzo dados numa tabela de depreciação?

Tabela de depreciação por saldos decrescentes: exemplo de um ativo no valor de 10 000 euros com uma vida útil de 5 anos

1. primeiro ano de **amortização**: 10.000 x 35% = 3.500 euros. ...
2. segundo ano de **amortização**: 6.500 x 35% = 2.275 euros. ...

3. terceiro ano de **amortização**: 4.225 x 35% = 1.479 euros (arredondado)

4. etc.

VI.2.FORMATAÇÃO DE CÉLULAS

Quando escreve números na sua folha de cálculo, o Excel para a Web aplica automaticamente o formato de número Geral, mas pode alterar este formato para apresentar formatos numéricos específicos, tais como datas, moedas ou mesmo fracções.

Por exemplo, se estiver a trabalhar no seu orçamento trimestral, pode utilizar o formato numérico Moeda para apresentar os seus números como valores monetários. Pode definir datas para sejam apresentadas como uma data longa, como Sábado, 14 de dezembro de 2013, ou como uma data curta, 14/12/13. Eis como o fazer:

1. Selecione a célula ou células que pretende formatar.

2. Clique com o botão direito do rato em qualquer parte do intervalo de células realçado. No menu de atalho, selecione o formato pretendido e, em seguida, **OK.**

Nota: Ao aplicar um formato numérico, apenas altera a forma como o número é apresentado e não os valores reais das células que o Excel para a Web utiliza para os cálculos.

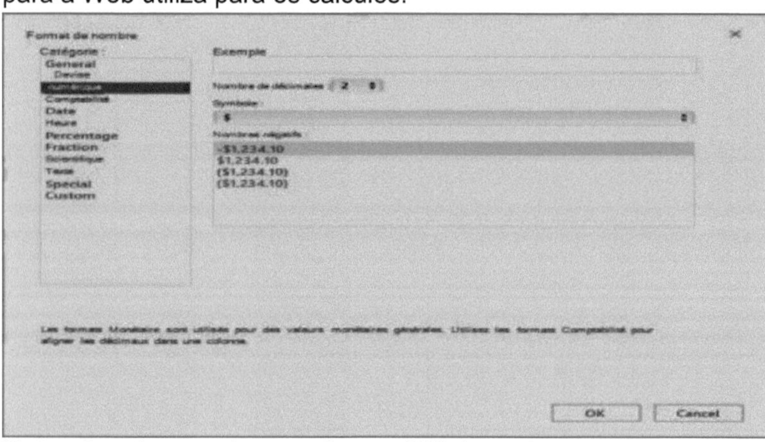

Nota: Se alguns números forem ###, isso deve-se provavelmente ao facto de a célula não ser suficientemente larga. Para ajustar os números automaticamente, faça duplo clique na margem direita do cabeçalho da coluna. Também pode utilizar o ponteiro para arrastar a margem ou clicar com o botão direito do rato no cabeçalho e utilizar o menu de atalho que aparece.

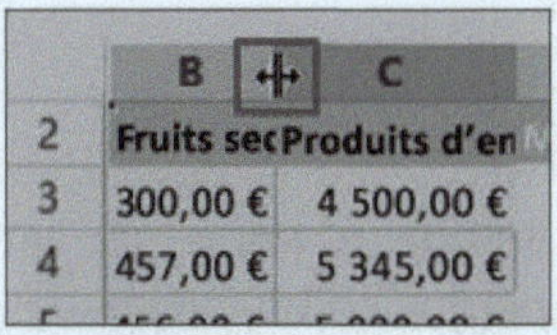

	B	C
2	Fruits sec	Produits d'en
3	300,00 €	4 500,00 €
4	457,00 €	5 345,00 €

VI.3.MELHOROU A APRESENTAÇÃO DO PLANO DE AMORTIZAÇÃO (CABEÇALHO, RODAPÉ, ETC.)

Eis **um exemplo de como calcular um quadro de amortização** para um empréstimo hipotecário de 150 000 euros contraído durante 20 anos, ou seja, 240 prestações, com uma TAEG de 1,10%.

Mês	Mensal	Interesses	Capital amortizado	Resto do
Mês 1	697 $	138 $	559 $	149 441 $
Mês 2	697 $	138 $	559 $	148 881 $
Mês 3	697 $	138 $	559 $	148 321 $
Mês 4	697 $	138 $	561 $	147 761 $
Mês 5	697 $	138 $	561 $	147 200 $
Mês 6	697 $	138 $	562 $	146 638 $
Mês 240 Ano 20	697 $	1$	696 $	0$

Neste exemplo de quadro de amortização, a prestação mensal é de 697 euros para um custo do empréstimo de 17 173 euros. Esta estimativa baseia-se nas informações introduzidas nesta ferramenta de cálculo. O quadro seguinte apresenta o capital amortizado, os juros reembolsados pelo mutuário e o montante em dívida. Este resultado não constitui uma oferta de crédito, mas um exemplo de plano de reembolso.

VI .4.CÁLCULO DAS ANUIDADES

Definição :

Em contabilidade, o termo anuidade refere-se a uma soma dinheiro paga anualmente por um mutuário para reembolsar uma dívida. [6]Por outras palavras, as anuidades são uma série de pagamentos efectuados para reembolsar um empréstimo.

= A fórmula de cálculo da amortização linear é relativamente simples: **base amortizável x amortização linear ano de amortização**. A base amortizável corresponde ao valor bruto do bem (valor de aquisição sem IVA e sem custos acessórios).

[6] https://www.sage.com, consultado em 13/12/2023 às 03h48".

CAPÍTULO VII

LEMBRETE

VII .1.ARRANQUE DO COMPUTADOR

Pode parecer simples, mas quando nos sentamos à frente de um computador pela primeira vez, por vezes não sabemos como o ligar...

Tal como acontece com muitos outros aparelhos (televisores, sistemas hi-fi, monitores, etc.), é necessário premir o botão "**On-Off**" Φ

- Num **computador de secretária**, este botão encontra-se normalmente no

frente da torre. Em alguns casos, um pequeno indicador luminoso indica que o dispositivo está sob tensão.

- Num **computador portátil**, este botão encontra-se normalmente à esquerda ou à direita, por cima do teclado.

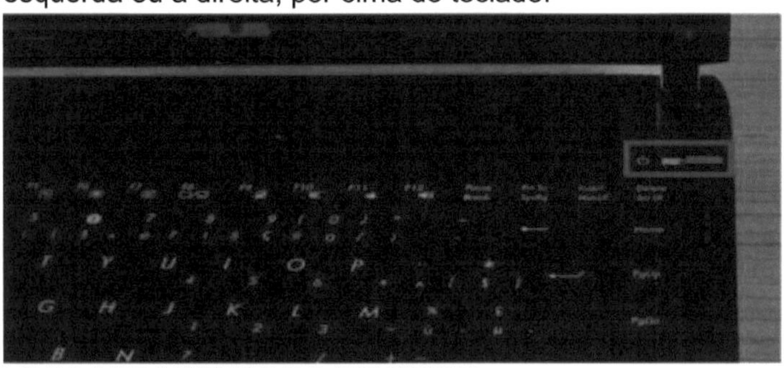

VII.2.LANÇAMENTO DO MS WORD

Existem diferentes formas de iniciar o MS Word.

A. COM O MENU INICIAR (Com o Windows 10)

A forma mais convencional de iniciar o Word é a partir do menu Iniciar. > > > Clique em **Iniciar Todos os programas Microsoft Office Microsoft Word** (ver figura abaixo)

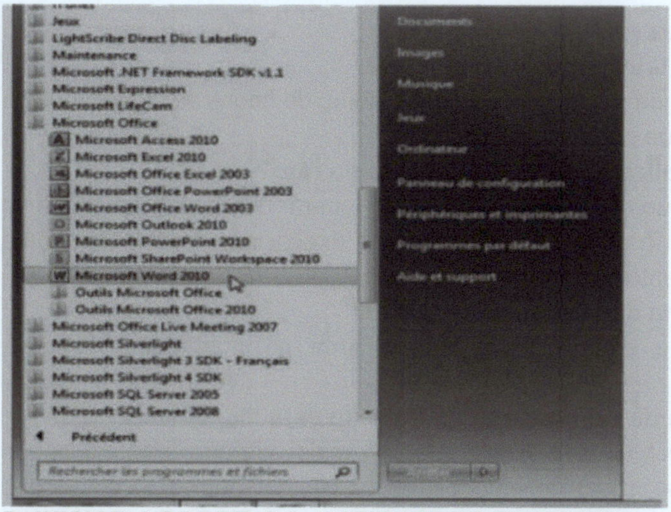

B. INICIAR A PARTIR DO AMBIENTE DE TRABALHO

Se existir um ícone do Word no ambiente de trabalho do Windows, pode fazer duplo clique sobre ele para abrir a aplicação (ver figura abaixo).

V II.3.INTRODUÇÃO DE DADOS (POR QUILÓMETRO)

A digitação ao quilómetro (também conhecida como "digitação ao quilómetro") é um método de trabalho que consiste em **escrever o seu texto sem se preocupar com a formatação** (pelo menos não demasiado). [7]Entenda-se que quando está a escrever um documento em Word, vai escrever o seu texto concentrando-se principalmente no conteúdo, na mensagem que quer transmitir aos seus leitores.
Isto aplica-se igualmente a uma carta de apresentação, a uma memória, a um documento administrativo, a uma reclamação, a uma candidatura a um emprego, a uma coleção de receitas, a um livro... e a qualquer outro tipo de documento.
Desta forma, e porque está a fazer apenas uma coisa de cada vez (ou seja, a pensar no seu texto e não na forma como deve ser apresentado), **ganha em qualidade, eficiência e produtividade.**

V II.4.ENTRADA (SEM QUILÓMETRO DE GREVE)

Definição: **A** introdução de texto consiste na transcrição e gravação

[7] https://www.memoclic.com, consultado em 13/12/2023 às 04h00

num suporte proveniente de outra fonte.

Glossário de introdução de texto

A introdução de texto envolve uma série de técnicas e vocabulário específicos, que pode encontrar abaixo.

Para que é utilizado o botão esquerdo do rato?

O botão esquerdo do rato é utilizado para clicar. Frequentemente realizado com o dedo indicador da mão direita, permite-lhe fazer uma seleção enquanto escreve.

O que é a zona de introdução de texto?

Uma zona de entrada representa a área na qual pode introduzir caracteres.

Que software de processamento de texto está disponível?

Para além do Microsoft Word, que é o mais utilizado, existem outros programas de processamento de texto. Há o Google Docs, o Zoho Writer, o Dropbox Paper, o OpenOffice, o WPS Office Writer, o LibreOffice Writer...

O que é a pressão alargada?

O rato tem de ser mantido premido para selecionar texto durante uma operação de introdução.

Como selecionar texto com o rato?

O cursor deve primeiro ser posicionado em frente da primeira palavra. Em seguida, mantenha o rato premido com um clique esquerdo enquanto arrasta ao longo do texto a selecionar.

Como é que coloco em itálico?

Selecione o texto que pretende colocar em itálico e prima simultaneamente Ctrl+I.

O que são personagens?

No modo de introdução, os caracteres incluem letras, números, espaços e pontuação.

Como é que faço uma quebra de linha no Word?

Basta premir a tecla Enter no lado direito do teclado para fazer uma quebra de linha no Word.

V II.5.SELECCIONAR UM TEXTO

No Word, pode selecionar todo o texto de um documento (Ctrl+A), ou selecionar texto ou elementos específicos de uma tabela utilizando o rato ou o teclado. Também é possível selecionar texto ou elementos localizados em pontos diferentes. Por exemplo, pode selecionar um parágrafo numa página e uma frase noutra.

Selecionar todo o texto

1. Clique em qualquer parte do documento.
2. Prima Ctrl+A no teclado para selecionar todo o texto do documento.

Seleção de um texto específico

Também é possível selecionar uma palavra, uma linha de texto ou um ou mais parágrafos específicos.

1. Coloque o cursor em frente da primeira letra da palavra, frase ou parágrafos que pretende selecionar.
2. Clique e mantenha premido o botão do rato enquanto arrasta o cursor para selecionar o texto pretendido.

Outras formas de selecionar texto

- Para selecionar uma única palavra, faça rapidamente duplo clique sobre ela.
- Para selecionar uma linha de texto, coloque o cursor no início da linha e, em seguida, prima Shift+Seta para baixo.
- Para selecionar um parágrafo, coloque o cursor no início do parágrafo e, em seguida, prima Ctrl+Shift+Seta para baixo.

VII.5.1.MODIFICAR O ESTILO, O TAMANHO, O TIPO DE LETRA E A COR

VII. 5.1.1. MODIFICAÇÃO DO ESTILO

Pode modificar um estilo diretamente na galeria Estilos, sem utilizar o texto do seu documento.

1. No separador **Página inicial**, clique com o botão direito do rato num estilo na galeria Estilos e clique em **Editar**.

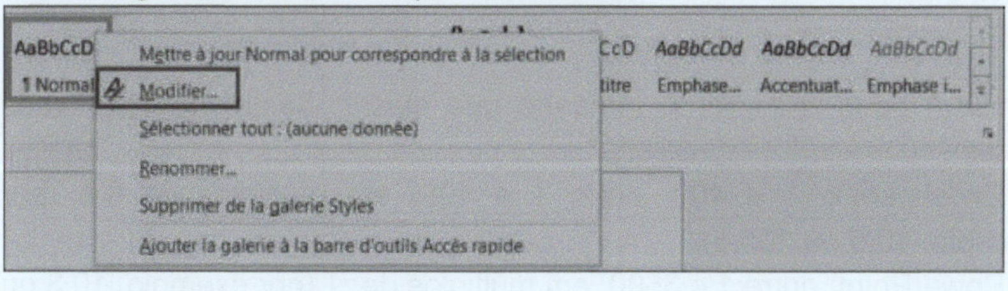

2. Na secção **Formatação**, faça as alterações de formatação pretendidas (por exemplo, estilo, tamanho ou cor do tipo de letra, alinhamento, espaçamento entre linhas ou indentação).

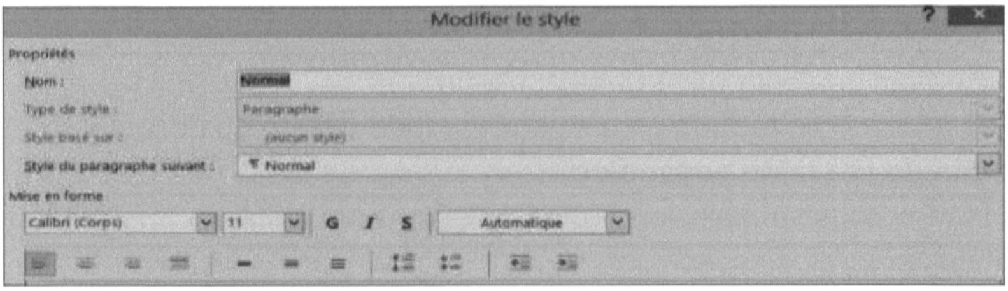

3. Indicar se a alteração de estilo deve ser aplicada ao documento atual ou a todos os documentos futuros.

VII.5.1.2. ALTERAÇÃO DA DIMENSÃO

Para alterar o tamanho do tipo de letra do texto selecionado no Excel, PowerPoint ou Word :

1. Selecione o texto ou as células cujo texto pretende alterar. Para selecionar todo o texto de um documento do Word, prima Ctrl +A.
2. No separador **Página inicial** , clique no tamanho do tipo de letra na área **Tamanho do tipo de letra** .

Também pode escrever o tamanho que quiser, dentro dos seguintes limites:

- Excel: entre 1 e 409, entre 1 e 409, em múltiplos de 0,5 (por exemplo, 10,5 ou 105,5)
- PowerPoint: entre 1 e 3600, em múltiplos de .1 (por exemplo, 10,3 ou 105,7)
- Palavra: entre 1 e 1638, em múltiplos de 0,5 (por exemplo, 10,5 ou 105,5)

Conselhos :

- Quando seleciona texto, aparece uma mini-barra de ferramentas junto ao cursor. Também pode alterar o tamanho do texto nesta barra de ferramentas

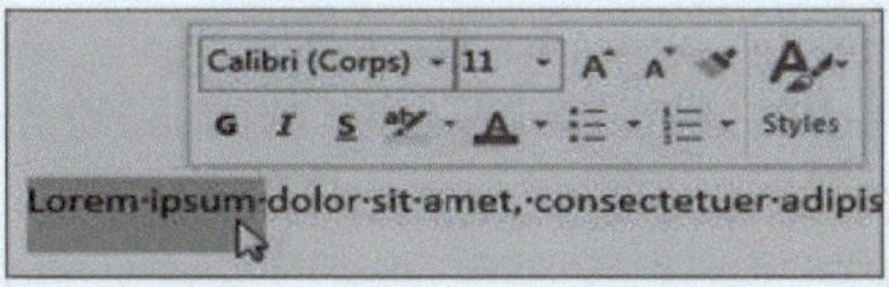

- Também pode clicar nos ícones **Aumentar o tamanho** do **tipo** de letra ou **Diminuir o tamanho do tipo de letra** (**Aumentar** o **tipo de letra** e **Diminuir o tipo de letra** em algumas versões anteriores dos programas do Office) até que o tamanho pretendido seja apresentado na caixa **Tamanho do tipo** de letra.

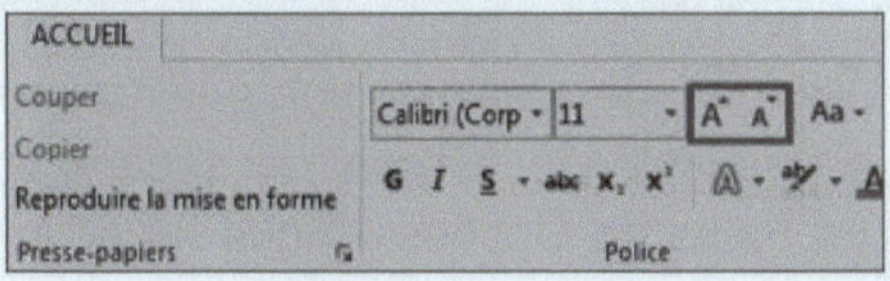

VII.5.1.3. ALTERAR A COR DE UM TEXTO

Pode alterar a cor do texto no seu documento Word.

1. Selecione o texto que pretende alterar.
2. No separador **Página inicial**, no grupo **Tipo de letra**, selecione a seta junto a **Cor do tipo de letra** e, em seguida, selecione uma cor.

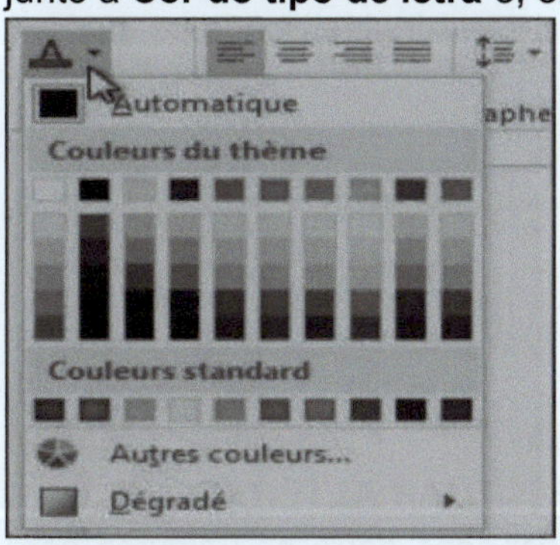

Também pode utilizar as opções de formatação na mini-barra de ferramentas para formatar rapidamente o texto. A mini-barra de ferramentas é automaticamente apresentada quando se seleciona texto.

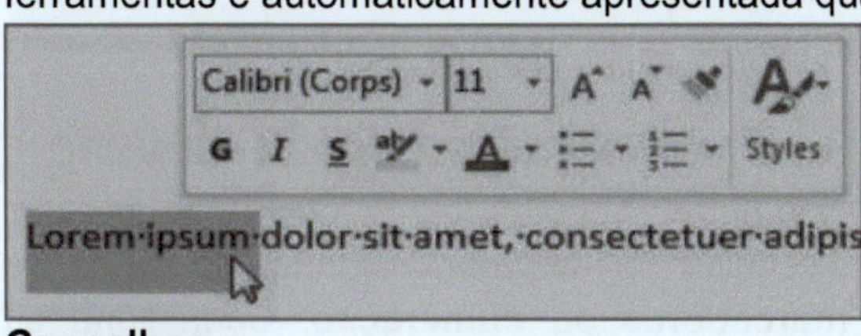

Conselhos :

■ Se não encontrar a cor pretendida, selecione **Outras cores** e, em seguida, uma cor do separador **Padrão** ou combine a sua própria cor no separador **Personalizado**.

■ Para alterar a cor, a transparência e a sombra do texto, selecione **Degradar**. A ferramenta Degradar não está disponível no Word 2007.

V II.5.2 TEXTO SUBLINHADO

Para sublinhar texto, basta tocar no texto que pretende sublinhar. Clique e arraste no texto que pretende sublinhar para realçar a sua seleção. Prima a tecla "CTRL" e a tecla "U" no teclado ao mesmo tempo. Para parar de sublinhar, prima "CTRL" e "U" novamente. Para sublinhar utilizando os menus do Microsoft Word, clique e arraste sob o texto que pretende sublinhar para realçar a sua seleção. Clique no separador "Página inicial" no lado esquerdo da Faixa de Opções. Clique no botão "U ou S", no lado esquerdo da Faixa de Opções, na categoria "Fonte".

V II.5.3.ALINHAMENTO DOS PARÁGRAFOS

O alinhamento do texto é um atributo de formatação de parágrafos que determina o aspeto do texto num parágrafo. Por exemplo, num parágrafo alinhado à esquerda (o alinhamento mais comum), o texto é alinhado na margem esquerda. Num parágrafo justificado, o texto é alinhado em ambas as margens.

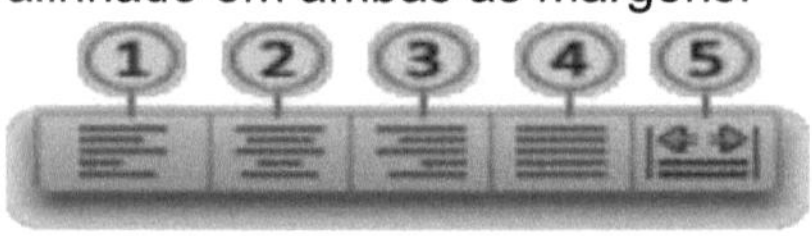

alinhar o texto à esquerda; centrar o texto; alinhar o texto à direita; alinhar o texto à direita.

direita; justificar o texto; redesenhar o texto

V II.5.4. JUSTIFICAR UM TEXTO E EFECTUAR ALTERAÇÕES

Quando justifica o texto, são inseridos espaços entre as palavras para que as duas extremidades de cada linha fiquem alinhadas em ambas as margens. A última linha do parágrafo é alinhada à esquerda.

1. Clique em qualquer parte do parágrafo a ser justificado.
2. No **separador** Página inicial, **no** grupo Parágrafo, **clique em Justificar o** texto &.

VII.5.5.CRIAÇÃO DE UMA LISTA INTELIGENTE COM UM NÚMERO

Para ativar as linhas de texto numa lista com marcadores ou numerada, selecione o texto e, em seguida, no separador **inicial** do grupo de **parágrafos**, clique em **marcadores** ou **numeração**. Cada linha ou parágrafo torna-se um item de lista com marcadores ou numerada.

Se começarmos com uma página em branco ;

1. Coloque o cursor no local onde pretende criar uma lista numerada ou com marcadores.
2. No separador Página **inicial**, clique na seta junto a **marcadores** ou **numeração**.
3. Escolha um estilo e comece a escrever.

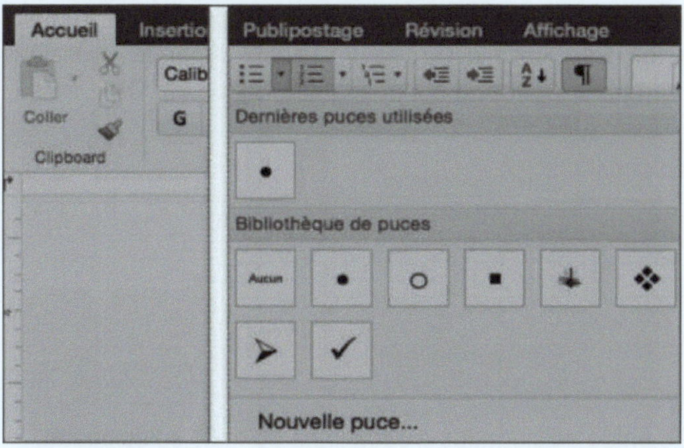

4. Prima ENTER sempre que pretender uma nova ficha ou número, ou prima ENTER duas vezes para completar a lista.

NB: Quando inicia um parágrafo com um asterisco e um espaço (*), ou com o número 1 e um ponto final (**1.**), o Word apresenta o botão **Opções de AutoCorrecção** e começa a criar uma lista com marcadores ou numerada. Se não pretender criar uma lista com marcadores ou numerada, clique no botão **Opções de AutoCorrecção** e, em seguida, clique em **Parar a Criação Automática de Listas com Marcadores** ou **Parar a Criação Automática de Listas Numeradas**.

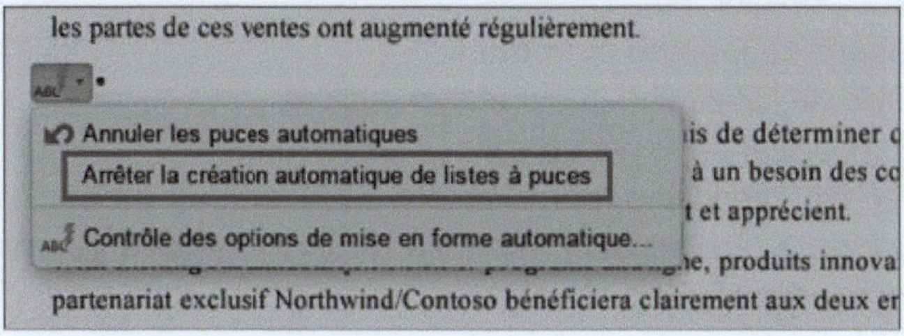

VII.5.6.CRIAÇÃO DE FRONTEIRAS E GRELHAS

Pode adicionar facilmente contornos ao texto selecionado utilizando a funcionalidade Contornos do Word. Faça o seguinte.

1. > > Selecione os textos que vai adicionar como contornos, clique em

Home Borders Borders and raster. Ver a captura de ecrã:

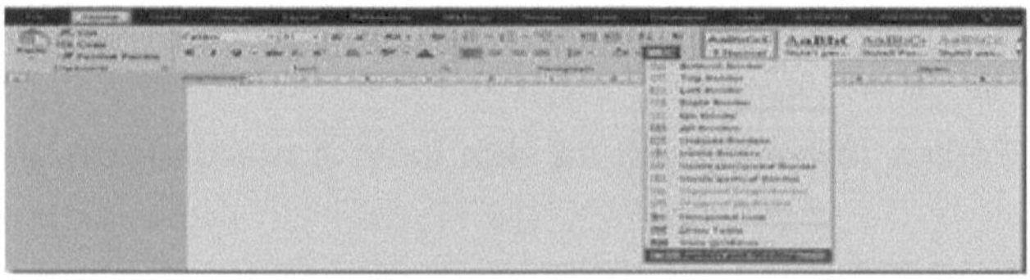

2. Na de diálogo **Borda e Raster**, selecione as caixas de fronteira **Superior, Inferior, Esquerda** e **Direita** na secção **AperQu**, selecione **Texto** na lista pendente **Aplicar a** e, em seguida, clique em **OK** .

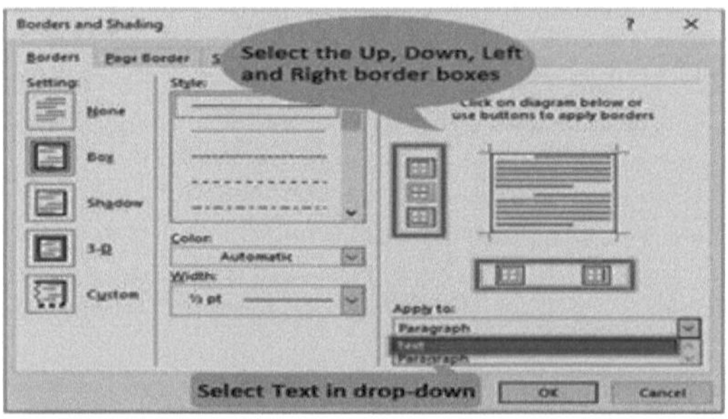

As margens são então adicionadas a cada linha do texto selecionado.

Nota: Se pretender simplesmente adicionar um contorno grande em torno de todos os textos selecionados, como mostrado abaixo, mantenha o **parágrafo** selecionado na lista pendente **Aplicar** a.

VII.5.7.CRIAÇÃO DO CABEÇALHO E DO RODAPÉ

Os cabeçalhos e rodapés são áreas que aparecem na parte superior e inferior de cada página de um documento. São utilizados para fornecer informações adicionais e para personalizar o documento. Os elementos que podem ser inseridos nestes espaços são o número da página, a data, o logótipo de uma empresa, o título do documento, o nome do ficheiro ou o nome do autor, etc.

1. > Aceda **a Inserir cabeçalho** ou **rodapé**.
2. Escolha o estilo de cabeçalho que pretende utilizar.
3. Adicionar ou modificar texto para o cabeçalho ou rodapé.
4. Para remover um cabeçalho, por exemplo, eliminando-o da página de título, selecione-o e, em seguida, assinale a caixa **Primeira página diferente**.
5. Selecione **Fechar cabeçalho e rodapé** ou prima Esc para sair.

> Para eliminar, selecione **Inserir cabeçalho** (ou **rodapé**) > **Eliminar cabeçalho** (ou **Eliminar rodapé**).

VII.5.8.MODIFICAR AS MARGENS DO TEXTO

Modifique as margens do seu documento para alterar o esquema e, em seguida, verifique se todos os elementos estão corretamente posicionados.

Aplicar um parâmetro de margem predefinido

1. > Selecione **Margens do layout**.

2. Selecione as medidas de margem pretendidas.

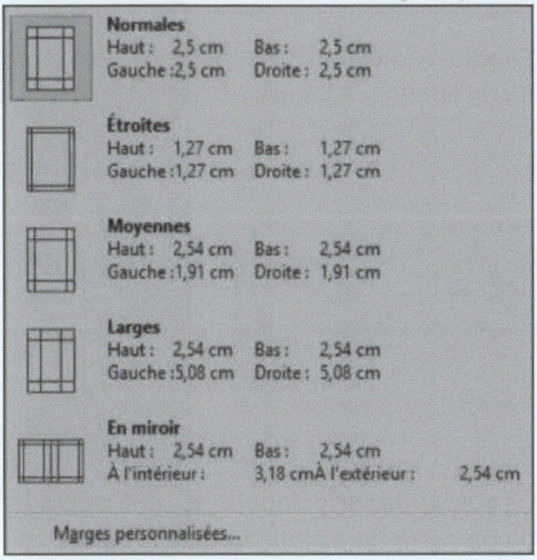

Nota: Se o seu documento contiver várias secções, as novas margens aplicam-se apenas às secções selecionadas.

VII.5.9.ALTERAR A ORIENTAÇÃO DA PÁGINA

1. > Para alterar a orientação de todo o documento, selecione **Orientação do Layout**.
2. Selecione **Retrato** ou **Paisagem**.

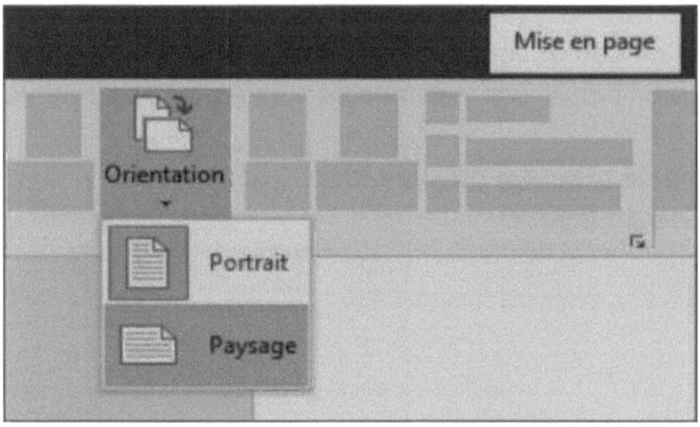

VII.5.10.CRIAR UMA TABELA SIMPLES

Eis como criar uma matriz inicialmente simétrica.

1. Clique no documento onde pretende criar uma tabela.

Primeiro método:

No friso **Inserir**, clique em **Tabela** e arraste o ponteiro do rato para selecionar o número necessário de linhas e colunas.

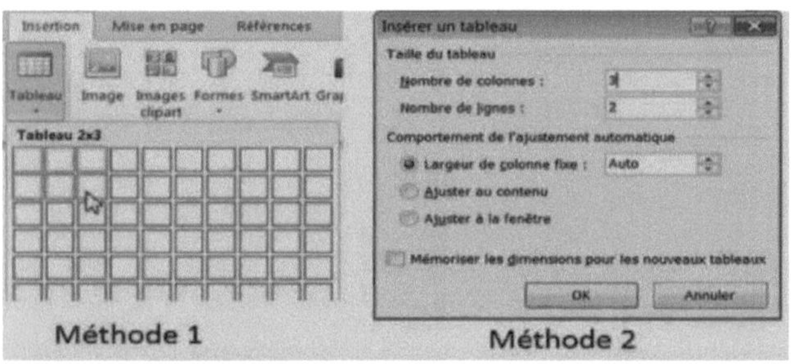

Segundo método:

No friso **Inserir**, clique em **Tabela**, **Inserir tabela** e, em seguida, introduza os valores adequados na caixa de diálogo **Inserir tabela**.

VII.6.E-MAIL

***O correio* eletrónico** designa o serviço de transferência de mensagens enviadas por um sistema de mensagens electrónicas *através de* uma rede informática (atualmente a Internet) para a caixa de correio eletrónico de um destinatário escolhido pelo remetente. "Serviço de correspondência que permite troca de mensagens electrónicas através de uma rede informática ( ).[8]

VII.6.1.CRIAR UMA CONTA DE CORREIO ELECTRÓNICO

Em primeiro lugar, escolha um tipo de Conta Google.

Esta conta será para mim ou para gerir uma empresa

[8] https://www.techno-science.net, consultado em 06/10/2023 às 07:04'.

NB: Ao criar uma Conta Google para a sua empresa, pode ativar a personalização para empresas. Uma Conta empresarial também facilita a configuração da ficha de empresa do Google, o que ajuda a melhorar a visibilidade da sua empresa e a gerir as suas informações online.

Quando criar uma Conta Google, ser-lhe-ão solicitadas informações pessoais. Ao fornecer informações corretas, estará a ajudar a manter a sua conta segura e a tornar os nossos serviços mais úteis para si.

Além disso, não é necessário ter uma conta Gmail para criar uma Conta Google. Pode utilizar um endereço de correio eletrónico que não seja o Gmail para criar uma conta.

1. Aceda à página de início de sessão da Conta Google.
2. Clique em **Criar uma conta**.
3. Introduza o seu nome.
4. No campo "Nome de utilizador", introduzir um nome de utilizador.
5. Introduza a sua palavra-passe e confirme.

NB: Quando introduz a sua palavra-passe no seu telemóvel, a primeira letra não faz distinção entre maiúsculas e minúsculas.

6. Clique em **Seguinte**.

- Opcional: Adicione um número de telefone à sua conta e, em seguida, confirme.

7. Clique em **Seguinte**.

Utilizar um endereço de correio eletrónico existente

1. Aceda à página de início de sessão da Conta Google.
2. Clique em **Criar uma conta**.
3. Introduza o seu nome.
4. Clique em **Utilizar o meu endereço de correio eletrónico atual**.
5. Introduza o seu endereço de correio eletrónico atual.
6. Clique em **Seguinte**.
7. Valide o seu endereço eletrónico utilizando o código enviado para o seu endereço eletrónico existente.
8. Clique em **Validar**.

VII.6.2.ACESSO A UMA CONTA DE CORREIO ELECTRÓNICO

VII.6.2.1.COM COMPUTADOR

1. Abra o Gmail no seu computador.
2. Introduza o endereço de correio eletrónico correspondente à sua Conta Google ou o seu número de telefone e, em seguida, a sua palavra-passe.

- Se as informações já estiverem preenchidas e for necessário ligar a outra conta, clique em **Utilizar outra conta**.

- Se se encontrar numa página que descreve o Gmail e não na página de início de sessão, clique em **Iniciar sessão** no canto superior direito da página.

NB: Se se ligar a um computador público, não se esqueça de o desligar antes de sair do computador.

VII.6.2.2.COM ANDROID

No seu telemóvel ou tablet Android, pode adicionar contas Gmail, bem como outras contas, na aplicação Gmail.

1. ^No seu telemóvel ou tablet Android, abra o Gmail .
2. No canto superior direito, toque na sua fotografia de perfil.
3. Prima **Adicionar outra conta**.
4. Escolha o tipo de conta a adicionar.
5. Para adicionar a sua conta, siga as instruções apresentadas no ecrã.

VII.6.3.TERMINAR A SESSÃO DE UMA CONTA DE CORREIO ELECTRÓNICO

VII.6.3.1.TERMINAR A SESSÃO NUM COMPUTADOR

1. Abrir o Gmail.
2. No canto superior direito, clique na sua fotografia.
3. Clique em **Terminar sessão**.

VII.6.3.2.DESLIGAR NOUTRO DISPOSITIVO

Se se esqueceu de terminar a sessão da sua caixa de correio noutro computador, pode terminar a sessão do Gmail remotamente.

1. Abrir o Gmail.
2. No canto superior direito, clique na sua fotografia.
3. Clique em **Gerir a sua conta Google**.
4. Clique em **Segurança**.
5. Em "Os seus dispositivos", clique em **Gerir todos os dispositivos**.
6. Selecionar um dispositivo.
7. Clique em **Sair**.

VII.7.E-MAIL

[9]**O correio eletrónico**, **e-mail** ou **e-mail/e-mail**, é um serviço de transmissão de mensagens enviadas eletronicamente através de uma rede informática (principalmente a Internet) para a caixa de correio de um destinatário escolhido pelo remetente .

VII.7.1.REENCAMINHAR OU REENCAMINHAR UMA MENSAGEM DE CORREIO ELECTRÓNICO

1. abrir o correio que pretende transferir.
2. clicar na seta do botão "Responder. ...

[9] https://www.techno-science.net, consultado em 30/01/2024 às 12h24".

3. introduzir os endereços de correio eletrónico dos destinatários nos campos A, Cc e/ou Cci. ...

4. clicar em "Enviar".

V II.7.2.ENVIAR UMA MENSAGEM A VÁRIOS DESTINATÁRIOS AO MESMO TEMPO

Para enviar a mesma mensagem a vários destinatários, introduza os diferentes endereços de correio eletrónico no campo "Para", separando-os com um ponto e vírgula.

V II.7.3 UTILIZAÇÃO DAS RUBRICAS C.C E CCI AQUANDO DO ENVIO DE MENSAGENS (SUA FUNÇÃO)

A principal função das mensagens de correio eletrónico CCI e CC é a **confidencialidade**. Enquanto todos os destinatários poderão ver os endereços de outros destinatários numa mensagem de correio eletrónico Cc, os endereços no campo Bcc não serão visíveis para os destinatários principais.

V II.7.4.ENVIAR UMA MENSAGEM COM UM DOCUMENTO ANEXADO (WORD, EXCEL, ETC.)

1. > **Clique em Ficheiro (ou botão de escritório) Partilhar (ou enviar) e**, em seguida, escolha uma das seguintes opções:

Nota: As opções disponíveis variam consoante o programa do Office que está a utilizar.

- **Carregar para o OneDrive** Carregue o seu ficheiro para a sua conta OneDrive ou partilhe-o através de uma ligação direta ou por correio eletrónico.
- **Anexar uma cópia** Escolha anexar um ficheiro a uma mensagem de correio eletrónico ou anexar um ficheiro PDF.

2. Introduza os pseudónimos dos destinatários, modifique o assunto e o corpo da mensagem, se necessário, e clique em **Enviar.**

VII.7.5 Descarregamento de um documento anexo (Condições a observar quando se descarrega um documento anexo)

Para descarregar um documento anexadobasta :

1. Selecione o ícone Anexos no painel do lado direito;

2. Mova o rato sobre o nome do anexo, selecione o ícone Mais e, em seguida, **Descarregar** o ficheiro. Pode **descarregar** a versão mais recente no seu formato original.

VII.7.6.OUTROS SERVIÇOS RELACIONADOS COM AS EMPRESAS (banca eletrónica, comércio eletrónico)

VII.7.6.1. BANCOS ELECTRÓNICOS

Banco eletrónico é **o** termo utilizado para descrever um **banco que** está disponível em linha e não em pessoa. O utilizador y realiza série de acções sem ter de se deslocar, através de um computador ou smartphone. Pode transferir fundos eletronicamente, pagar contas e realizar qualquer outra ação (como depositar automaticamente o salário).

O **serviço bancário eletrónico** funciona através de um sistema informático que regista a propriedade dos fundos e contabiliza as transferências efectuadas. Para ter acesso, o utilizador tem geralmente de se identificar com um código de acesso (por exemplo, um número de identificação pessoal).

Os serviços bancários em linha estão a substituir gradualmente os serviços bancários tradicionais, **as interações mais rápidas e fáceis**.

As vantagens são muitas:

- Pode aceder às suas contas bancárias sempre que quiser, onde quiser. Nas férias, no metro, num feriado ou num domingo... o acesso é gratuito e ilimitado;
- A banca online mantém-no atualizado sobre as transacções da sua conta bancária. Recebe alertas e notificações em tempo real. Pode frequentemente personalizar estes alertas de acordo com as suas preferências;
- Os custos de transação são reduzidos;
- Existe um grande número de funções que lhe permitem efetuar muitas transacções diferentes.

VII.7.6.2. COMÉRCIO ELECTRÓNICO

Para definir o termo comércio eletrónico, podemos dizer que ele representa as várias transacções comerciais que se realizam à distância na Internet. É também conhecido como comércio eletrónico.

As compras na Internet são efectuadas através de objectos digitais, muitas vezes através de estruturas como sítios Web ou plataformas de redes sociais. As transacções podem ser realizadas de várias maneiras, dependendo da forma de comércio eletrónico: para particulares (B2C) ou para outras empresas (B2B).

As compras podem ser feitas através de uma variedade de canais e suportes: computadores, smartphones, tablets, consolas e televisão. O m-commerce (mobile commerce) está a tornar-se cada vez mais importante: representa as compras efectuadas em plataformas que vendem produtos ou serviços acessíveis em smartphones e tablets, uma mudança histórica no comércio eletrónico.

AS VANTAGENS DO COMÉRCIO ELECTRÓNICO

1. **Reduzir as despesas gerais**

Gerir um sítio de comércio eletrónico é muito mais rentável do que gerir uma loja física. Não precisa de alugar um espaço comercial, apenas tem de pagar um alojamento Web razoável. Não precisa de investir na segurança da sua propriedade comercial nem de se preocupar com a gestão da logística ou dos empregados. Para um sítio de comércio eletrónico, os custos típicos são o nome de domínio, o alojamento Web, o custo de desenvolvimento do sítio Web e o inventário. Dito isto, a maioria dos sites de comércio eletrónico também gasta dinheiro em marketing.

2. **Não há necessidade uma montra física**

Gerir uma loja física é muito complicado. O comércio eletrónico poupar-lhe-á muitos problemas no dia a dia. O aluguer de instalações comerciais pode ser dispendioso, especialmente se estiver numa grande cidade. Também tem de pagar a eletricidade, a água e o acesso à Internet do seu espaço comercial. A segurança é também um aspeto a ter em conta: se quiser que a sua montra física esteja segura, terá de investir em câmaras e outro equipamento de vigilância. Com uma loja de comércio eletrónico, pode simplesmente criar um sítio Web e começar a vender os seus produtos em linha sem ter de gastar muito dinheiro numa loja física.

3. **Capacidade de atingir um público mais vasto**

Talvez a maior vantagem do comércio eletrónico seja o facto de lhe permitir chegar a um público muito vasto. Uma loja física só pode receber um certo número de visitantes por dia, especialmente se viver numa cidade pequena ou numa zona rural. Com uma loja de comércio eletrónico, pode chegar a potenciais clientes em todo o mundo para lhes mostrar os seus produtos. Mesmo que não venda os seus produtos no estrangeiro, pode chegar a compradores de toda a França para aumentar as suas vendas. Este vasto alcance permitiu mesmo que algumas pequenas lojas de comércio eletrónico se tornassem marcas emblemáticas ao longo do tempo.

4. **Escalabilidade e adaptabilidade**

De todas as vantagens e desvantagens do comércio eletrónico para uma empresa, a escalabilidade é uma das mais tangíveis para o crescimento a longo prazo. Com uma loja física, o seu crescimento forçá-lo-á inevitavelmente a encontrar um espaço de retalho maior a dada altura. Terá também de deslocar o seu stock e equipamento, o que só complica as coisas. Com o comércio eletrónico, o seu sítio Web e a sua loja podem crescer juntamente com o seu negócio, pelo que não terá de gastar uma fortuna para se mudar para um novo e maior espaço comercial.

5. Acompanhamento logístico

O acompanhamento da logística é uma parte essencial do comércio eletrónico e do marketing de retalho, e é muito mais fácil com um sítio Web do que com uma loja física. Pode subcontratar a sua logística de execução para transmitir aos seus clientes vantagens como o envio em dois dias e o tratamento eficiente das devoluções. Tudo é registado eletronicamente, o que facilita o acompanhamento das vendas e a identificação de tendências que o ajudarão a desenvolver o seu negócio a longo prazo.

AS DESVANTAGENS DO COMÉRCIO ELECTRÓNICO

O comércio eletrónico tem vantagens e desvantagens para uma empresa, pelo que é importante estar ciente dos potenciais inconvenientes. Gerir um sítio Web de comércio eletrónico pode ser particularmente difícil para as pessoas que não se sentem muito à vontade com computadores e tecnologia. Eis o que precisa de saber sobre os potenciais inconvenientes do comércio eletrónico.

1. Potenciais ameaças à segurança

Quando se vende em linha, existe sempre o risco de ameaças à segurança. Um sítio Web mal protegido pode permitir que utilizadores não autorizados ao seu sítio Web e vejam os seus dados sensíveis. Em casos raros, os problemas com os processadores de pagamentos podem levar a violações de dados que põem em risco as informações bancárias dos clientes. Uma grande parte da criação de um sítio de comércio eletrónico envolve a segurança do sítio, pelo que os empresários preferem frequentemente recrutar um profissional.

2. Concorrência

Há muita concorrência no mundo do comércio eletrónico, porque criar uma loja online é tão fácil como 1-2-3. Esta é uma das maiores desvantagens do comércio eletrónico, pois significa que tem de se esforçar muito para promover a sua loja e atrair tráfego para o seu sítio Web. Alguns nichos são também muito concorridos, pelo que poderá ter dificuldade em vender o seu produto no seu sector específico. Em última análise, o êxito do seu sítio dependerá do esforço que fizer para reforçar a sua presença em linha.

3. Problemas informáticos

Nenhum problema técnico pode impedir uma loja física de aceitar dinheiro, enquanto os problemas informáticos podem ser um verdadeiro incómodo para um sítio de comércio eletrónico. Se o seu sítio Web cair de repente ou se tiver um problema com o seu processador de pagamentos, esse tempo de inatividade pode custar-lhe dinheiro... e clientes. Pior ainda, a resolução destes problemas informáticos pode custar-lhe ainda mais. Optar pela simplicidade pode ajudá-lo a evitar alguns dos potenciais problemas informáticos encontrados no comércio eletrónico, mas esteja ciente de que podem ocorrer problemas tecnológicos.

4. Logística de expedição

Gerir uma montra física é fácil, basta vender os produtos aos clientes quando estes vêm fazer compras consigo. Se pretender vender produtos por telefone ou através de um catálogo, pode utilizar um serviço de transporte simples para enviar algumas encomendas por semana. Mas para um sítio de comércio eletrónico, é necessário compreender toda a logística de envio, porque cada compra terá de ser enviada. Encontrar a solução certa para os seus envios e logística não é fácil, e não quer ficar no vermelho devido aos elevados custos de envio.

5. Interação limitada com o cliente

Num sítio de comércio eletrónico, não é possível interagir a um nível pessoal com os clientes. Algumas pessoas podem preferir isso, mas o facto é que não se pode oferecer o mesmo toque pessoal quando se vende em linha.

CAPÍTULO VIII

CONSERVAÇÃO DOS DADOS NOS SUPORTES

V III.1.DEFINIÇÃO

O armazenamento de dados é o conjunto de métodos e tecnologias utilizados para armazenar dados digitais. [10]São utilizados vários tipos de suportes para o armazenamento de dados, incluindo disquetes, suportes flash e discos rígidos .

V III.2.DISCO FLASH (CHAVE USB)

A memória flash foi inventada em 1984 por **FUJIO MASUOKA**, um engenheiro japonês que trabalhava para a Toshiba. Foi comercializada pela primeira vez em 1988 como um cartão de memória para câmaras digitais. Desde então, a memória flash evoluiu rapidamente e tornou-se um elemento essencial da tecnologia moderna.

Existem diferentes tipos de memória flash, incluindo a memória NOR e a memória NAND. A memória NOR é mais rápida mas mais cara, enquanto a memória NAND é mais lenta mas mais barata. A memória NAND é mais frequentemente utilizada em dispositivos electrónicos de consumo devido à sua relação qualidade/preço.

As vantagens do disco flash

Do tamanho de um pacote de pastilhas elásticas, as unidades flash USB são muito mais pequenas do que os discos rígidos externos. Além disso, não contêm quaisquer peças frágeis, o que as torna num acessório muito mais sólido e fácil de transportar.

As desvantagens do disco Flash

Os riscos são numerosos, uma vez que uma simples unidade flash USB pode infetar o seu computador com todo o tipo de vírus e malware. De facto, uma unidade flash USB pode representar todo o tipo de ameaças para si, para o seu sistema informático e para os seus dados pessoais, o

[10] https://ryax.tech/fr, consultado em 30/01/2024 às 13h14

que pode causar grandes danos.

V III.3. CD (CD-R, CD-RW)

Um CD (Compact Disk) é um disco ótico digital que foi desenvolvido para armazenar e reproduzir gravações áudio. É um disco plano e redondo feito de plástico policarbonato, medindo normalmente 12 cm de diâmetro. A produção de discos revolucionou a indústria musical, substituindo os formatos analógicos, como os discos de vinil e as cassetes.

Funcionamento do CD

Um CD utiliza um laser para ler os dados digitais codificados na sua superfície. Os dados são armazenados sob a forma de uma série de pequenos buracos e terras, que informação binária. Quando o laser do leitor de CD incide sobre a superfície do disco, reflecte-se de forma diferente consoante se encontre numa cavidade ou em terra. Esta luz reflectida é então convertida em sinais eléctricos que podem ser interpretados como áudio ou outros tipos de dados.

Benefícios

- Pesquisa temática e pesquisa por palavra-chave ;
- Pesquisar o texto integral utilizando uma palavra ou expressão ;
- Acesso de vários alunos ao mesmo CD ou DVD, se este estiver instalado numa rede;
- Os artigos incluem frequentemente **elementos multimédia:**

. **Navegação hipertextual**: são fornecidas ligações para mais informações sobre o tema, uma ilustração, etc.

. **Imagens** (mapas, diagramas, fotografias, desenhos, etc.): podem ser guardadas, ampliadas, importadas para um trabalho ou impressas.

- **Sons** que se podem ouvir vezes sem conta.
- **Sequências de vídeo** que podem ser gravadas e incorporadas numa apresentação.
- Cópia extractos a citar na íntegra ou reformulados para anotação;
- É possível guardar, exportar e imprimir a totalidade ou parte de um texto com determinados CD-DVDs.

Desvantagens

- Nem sempre atualizado, embora a atualização deste suporte seja menos dispendiosa do que a impressão;
- Nem todos os CD-DVDs permitem aceder à informação da mesma forma. Por isso, é necessário familiarizar-se com cada um deles;
- Se o CD ou DVD não estiver na rede, tem de o pedir emprestado e reservar um computador com uma unidade de CD ou DVD.

VIII.4.DISCO RÍGIDO EXTERNO (CAIXA)

[11]Um disco rígido externo é um espaço de armazenamento extra que lhe permite **guardar** os **seus ficheiros,** fazer cópias de segurança e mantê-los seguros.

Para garantir que não perde nenhum dos seus dados ou ficheiros multimédia no seu computador portátil ou de secretária, lembre-se de fazer regularmente cópias de segurança num disco rígido externo.

Como funciona um disco rígido externo

O **disco rígido externo** é instalado numa caixa de disco rígido ligada ao computador. É constituído por vários discos de cerâmica ou de metal, que funcionam uns sobre os outros.

Os electroímanes, ou cabeças de leitura/escrita, transmitem ou recebem dados deslocando-se lateralmente. Através de um conversor, transformam a linguagem do computador num campo magnético positivo ou negativo que polariza a superfície do disco numa área definida. As cabeças são assim levantadas e baixadas num ponto preciso do disco, num movimento de rotação ultrarrápido.

Quando a leitura ou a escrita estiver concluída, as cabeças deslocam-se para uma posição segura para evitar danos e proteger os dados armazenados.

Existem agora unidades SSD externas totalmente electrónicas que, embora mais rápidas, ainda não são capazes de armazenar grandes quantidades de dados.

A CAPACIDADE DE ARMAZENAMENTO DE UM DISCO RÍGIDO EXTERNO

A capacidade de armazenamento deve ser adaptada às suas necessidades. Se utilizar este disco rígido externo apenas para guardar os seus ficheiros antes de uma viagem de negócios e não se destinar a servir de cópia de segurança de todos os seus dados, então um disco rígido externo de 1 TB poderá ser suficiente. Se, por outro lado, pretende armazenar todos os seus dados como cópia de segurança completa, então tem de considerar a **capacidade do disco rígido**

[11] https://www.inmac-wstore.com, consultado em 30/01/2024 às 14h16

externo de que necessita.

Para saber esta capacidade, ir ao gestor de ficheiros, clicar com o botão direito do rato e depois em "propriedades". Isto dar-lhe-á a capacidade total do seu disco rígido e o espaço ocupado pelos seus dados.

Recomendamos que **compre um disco rígido externo** com, pelo menos, a mesma capacidade do seu equipamento atual, se não mais, para antecipar as suas necessidades e evitar ter de reinvestir num modelo de maior capacidade mais tarde.

LIGAÇÕES DO DISCO RÍGIDO EXTERNO

A maioria dos discos rígidos externos é ligada ao computador através de USB 3.0 ou 3.1. Alguns modelos profissionais podem ter uma ligação SATA. Por isso, certifique-se de que verifica se o seu PC possui esta ligação externa.

ESCOLHER UM DISCO RÍGIDO EXTERNO HDD OU SSD

A maioria dos discos rígidos externos são mecânicos e também são conhecidos como HDD. Estes modelos oferecem uma grande capacidade de armazenamento (de 4 TB a 8 TB para os modelos mais potentes). São económicos e os mais populares para utilização doméstica.

Um SSD externo não tem mecânica interna, mas sim memória flash, que continua a ser limitada. A vantagem desta unidade SSD externa é a sua velocidade de execução, menor tempo de latência e taxa de transferência mais rápida. Por outro lado, este disco rígido externo SSD não será útil se quiser fazer uma cópia de segurança de todo o seu disco rígido. O seu preço é superior ao de um HHD devido ao elevado custo de fabrico da memória flash.

BIBLIOGRAFIA

❖ **Livros:**

- Curriculum National des Humanites Techniques Commercials, março de 2014;
- Jacques LONCHAMP, introduction aux systemes informatique, Paris, Dunod, 2011.

Sítios Web:

- https://www.excel-pratique.com
- https://intia.fr
- https://www.fiche-paie.net
- https://www.morpheus-formation.fr
- https://www.sage.com
- https://www.techno-science.net
- https://www.inmac-wstore.com
- https://barrazacarlos.com
- https://www.larousse.fr

MIX
Papier aus verantwortungsvollen Quellen
Paper from responsible sources
FSC® C105338

Printed by Books on Demand GmbH, Norderstedt / Germany